**Os sete dons
do Espírito
e as virtudes da fé**

JOSÉ CARLOS PEREIRA

Os sete dons do Espírito e as virtudes da fé

EDITORA
SANTUÁRIO

DIRETOR EDITORIAL:
Pe. Marcelo C. Araújo, C.Ss.R.

EDITORES:
Avelino Grassi
Márcio F. dos Anjos

COORDENAÇÃO EDITORIAL:
Ana Lúcia de Castro Leite

COPIDESQUE:
Eliana Maria Barreto Ferreira

REVISÃO:
Leila Cristina Dinis Fernandes

DIAGRAMAÇÃO:
Simone Godoy

CAPA:
Marcelo Inomata

**Dados Internacionais de Catalogação na Publicação (CIP)
(Câmara Brasileira do Livro, SP, Brasil)**

Pereira, José Carlos
 Os sete dons do Espírito e as virtudes da fé / José Carlos Pereira. - Aparecida, SP: Editora Santuário, 2010.

 ISBN 978-85-369-0190-9

 1. Dons espirituais 2. Espírito Santo 3. Virtudes I. Título.

10-02670   CDD-234.13

Índices para catálogo sistemático:
1. Dons e virtudes: Espírito Santo: Estudos teológicos:
Cristianismo 234.13

4ª impressão

Todos os direitos reservados à **EDITORA SANTUÁRIO** – 2018

Rua Pe. Claro Monteiro, 342 – 12570-000 – Aparecida-SP
Tel: 12 3104-2000 – Televendas: 0800 - 16 00 04
www.editorasantuario.com.br
vendas@editorasantuario.com.br

Sumário

Introdução 7

Primeira Parte
Os Dons 13
1. Sabedoria 25
2. Entendimento 33
3. Conselho 41
4. Fortaleza 49
5. Ciência 57
6. Piedade 65
7. Temor de Deus 73

Segunda Parte
As Virtudes 81
1. Fé 91
2. Esperança 97

3. Caridade 103
4. Prudência 111
5. Justiça 119
6. Fortaleza 127
7. Temperança 135

Considerações Finais 143
Referência Bibliográfica 155

Introdução

Este livro é um convite a enxergarmos as coisas além das aparências; a vê-las além daquilo que elas se deixam mostrar; a ver as coisas, as situações e as pessoas além das representações dos limites do campo do pensamento, da consciência, da memória; enfim, em linguagem filosófica, além do horizonte que limita o nosso campo visual, inteligível ou de circunscrição de nossas ações e relações. Quando desenvolvemos esse "olhar clínico" sobre nós e o mundo que nos rodeia, descobrimos uma infinidade de coisas que antes eram imperceptíveis e que, a partir de então, nos ajudarão a viver melhor e a produzir coisas que tornem o mundo melhor. A isso damos o nome de *inspiração*. A inspiração é uma espécie de alento, um sopro criador que, emanado de Deus, desperta em nós dons e virtudes que se concretizam em ações críticas e criativas. O alento, quando chega até nós, coaduna-se no tempo e no espaço, desencadeando as nossas mais inusitadas criações.

Portanto, para produzir algo que faça a diferença, seja na vida individual ou na coletividade, é preciso tempo, espaço e inspiração. É assim para a produção científica e tecnológica, como também para escrever um livro, compor uma música, inventar algo que facilite a vida das pessoas, como, por exemplo, a criação de utensílios domésticos e outros objetos de utilidade no dia-a-dia. Porém, nem nos damos conta de que tudo isso é fruto do tempo, do espaço e da inspiração de alguém. Tempo, espaço e inspiração são elementos que nem sempre dependem de nós, da nossa vontade ou dos nossos esforços. Eles dependem, sobretudo, das circunstâncias. Circunstâncias são condições de tempo, lugar ou modo que cercam ou acompanham um fato ou uma situação, sendo-lhes essencial para o desencadeamento da inspiração. Assim sendo, não basta ter tempo livre se as circunstâncias não colaboram para que venham as inspirações. Também de nada adianta estarmos inspirados se nos faltam o espaço e o tempo livre para registrarmos essas inspirações. O grande desafio está, portanto, em poder conciliar esses três elementos: tempo livre, espaço e inspiração. Não sendo isso algo fácil, como fazer, então, para colocar em prática os resultados de nossas inspirações, produzindo algo que seja relevante?

Há inúmeras formas, e uma delas é encontrar um meio de registrar, anotar ou gravar os *insights* que temos nos momentos em que estamos ocupados e, quando sobrar um tempo livre, organizar essas súbitas *iluminações* de modo que resultem em algo concreto, seja para a compreensão ou solução de problemas, seja para a produção de algo que torne a vida das pessoas mais prazerosa. É o que vamos buscar expor, aqui, através da reflexão de sete dons e sete virtudes. Antes, porém, veremos algo sobre a inspiração que resultou neste livro.

Ele é resultado não apenas dos meus raros momentos de tempo livre e dos espaços que me foram concedidos entre um atendimento e outro ou uma atividade e outra, mas sobretudo dos registros dos momentos em que a inspiração se fez presente e as circunstâncias foram criadas para que se pudesse registrar tais inspirações. Muitas vezes a inspiração chega quando o corpo está ocupado ou em repouso. Às vezes, no meio de um trabalho manual, de uma aula, de uma reunião, de uma conversa informal ou mesmo de noite ou de madrugada, quando queremos descansar nosso corpo e nossa mente. São nesses momentos que as ideias ou inspirações fluem naturalmente e precisam ser registradas de imediato para que não se percam. Nem todos se dão a esse trabalho. Porém, se não registrá-las, elas se vão e podem não retornar mais ou retornar com mutações que não a reconhecemos mais. Inspirações são como nuvens, nunca voltam da mesma forma, e há dias que elas nem voltam.

Foi isso que procurei fazer ao longo desses catorze capítulos ou crônicas sobre os dons e as virtudes: registrar as inspirações deles emanadas para poder partilhar com os outros e, quem sabe, fazer com que outros também descubram e apreendam seus dons e virtudes, tirando deles os melhores benefícios.

Porém, para fazer funcionar tudo isso, é preciso saber que o corpo e a mente nem sempre têm a mesma sintonia. Podemos estar muito ocupados numa atividade física e ter a mente livre para voar além do horizonte de nossas limitações, sejam elas geográficas, intelectuais, físicas ou metafísicas, sem prejudicar o que estamos fazendo no momento. Como podemos também ter todo o tempo livre do mundo, porém, e deixar a imaginação ficar estagnada. O fato de estarmos ocupados não é desculpa para deixar de exercitar nossa imaginação, limitando-a naquilo que estamos fazendo. Não é um pouco isso que ocorre quando estamos dirigindo um veículo? Não ficamos pensando no ato de dirigir como, por exemplo, na mudança das marchas, no momento de pisar no freio, no acelerador ou na embreagem. Tudo isso acontece naturalmente, no momento certo, sem que estejamos focados nessas ações. Se dirigirmos um veículo pensando nesses atos, podemos fazê-lo de forma errada e até provocar um acidente. A mesma coisa acontece quando estamos digitando um texto. Não ficamos pensando na tecla que vamos tocar para escrever. Os nossos dedos se dirigem, automaticamente, para as teclas certas e as letras vão sendo construídas naturalmente, sem necessitar que nela pensemos. Pensar nas letras do teclado ao digitar um texto significa que dificilmente vamos produzir um texto que seja inspirado. Essa é atitude de quem não adestrou suas mãos e sua mente para essa ação, isto é, de quem não descontraiu sua mente para o exercício dessa ação.

Assim sendo, descontração não significa desatenção ou distração. Descontração é o descanso da mente para que ela funcione livremente, com a liberdade que deixa fluir as virtudes e os dons que lhes são naturais. A existência de algum tipo de contração impede que a criatividade flua, sem embaraço.

É nos momentos de descontração da mente que as inspirações aparecem, e a mente, por sua vez, produz pérolas preciosas, criativas e inovadoras, que vão ajudar outros a encontrarem os meios e os caminhos para ultrapassar seus limites e ir além de seus horizontes.

A mente se descontrai quando estamos interiormente bem, seguros dos nossos atos e em paz conosco, com os outros e com Deus, isto é, sem nenhum tipo de constrangimento que impeça o exercício de nossos dons e virtudes. Isso só é possível se desvelarmos e lapidarmos esses dons e essas virtudes que, de modo nem sempre visível, consciente e lapidado, possuímos. Nos recônditos de nossa alma estão escondidos os mais preciosos tesouros e, vez por outra, como a ponta de um iceberg num oceano, eles se deixam visualizar. Nesses momentos é preciso não perdê-los de vista. Somente assim poderemos extrair aquilo que, embora não vejamos, sabemos que existe em abundância na profundidade misteriosa do nosso ser. Refiro-me aos dons e às virtudes. Os dons da sabedoria, do entendimento, do conselho, da fortaleza, da ciência, da piedade e do temor de Deus, e as virtudes da fé, da esperança, da caridade, da prudência, da justiça, da fortaleza e da temperança.

Dons e virtudes são qualidades inatas de todo ser humano, porém nem todos as conhecem. Por exemplo, a fortaleza, tanto é um dom quanto uma virtude cardeal. Ou seja, nós a temos, porém nem sempre nos sentimos fortes tanto quanto queríamos ou deveríamos ser. Isso porque esse dom/virtude está submerso no oceano de nossa vida, camuflado pelos medos e outros fatores que impedem de vê-lo e, assim, exercitá-lo.

É preciso, portanto, garimpar como se garimpa o ouro para podermos encontrá-lo, e lapidá-lo para, assim, torná-lo a pedra preciosa que de fato é a fortaleza em nossa vida.

Esse é um pouco o objetivo deste livro. Fazer com que cada leitor descubra seus dons e suas virtudes e os empregue de modo adequado, ultrapassando, assim, tudo aquilo que era tido como limite.

Primeira Parte

Os
Dons

Dom significa, em primeira instância, algo que nos é dado. Porém, há dois diferentes níveis de entendimento do dom. Um na esfera do natural e o outro na esfera do sobrenatural. Na primeira instância, isto é, na esfera do natural ou dos relacionamentos humanos, o dom é tido como um presente, um donativo dado por alguém e que, na concepção do antropólogo francês Marcel Mauss (2003, p. 191), é desencadeador de obrigações entre aquele que doou e aquele que recebeu a doação. Quando recebemos alguma coisa de alguém, seja um presente, um favor ou qualquer outro tipo de benefício, o que foi recebido passa a ser uma espécie de dívida contraída ou de objeto penhorado e há, portanto, que se pagar essa dívida ou compensar, de alguma forma, esse penhor. Tal compensação se dá através de um *contradom*, isto é, da retribuição do presente recebido, gerando, assim, uma espécie de *instituição* de obrigações que Mauss chamou de *sistema das prestações totais*. Malinowski lembra que nesse relacionamento de troca de dons ou de presentes, espera-se que a pessoa, tendo recebido um presente, dê em troca um presente de justo e igual valor; em outras palavras, o bracelete que ele dá como contrapresente deve ser tão bom quanto o colar que recebeu como presente ou vice-versa (Malinowski, 1984, p. 81). Temos assim a obrigação de dar e retribuir, de alguma forma, aquilo que recebemos, formando, dessa maneira, a teia dos relacionamentos humanos. Nenhum relacionamento sobrevive ou resiste quando há o rompimento desse ciclo dialético de obrigações. À vista disso, nenhuma atitude ou gesto, por mais gratuito que possa parecer, está isento de interesse. Vamos ligando-nos uns aos outros e até mesmo com Deus por meio de prestações e contraprestações perpétuas (Mauss, 2001, p. 364), envoltas em todos os tipos de relacionamentos, comumente emprenhados sob a forma de dons e serviços, inclusive atitudes religiosas, de amizades e tantas outras que fazem parte dos nossos relacionamentos cotidianos. Mauss afirma ainda "que essas trocas e esses dons de coisas que ligam as pessoas se efetuam a partir de um fundo comum de ideias" (idem, p. 365), isto é, na consciência coletiva, no imaginário das pessoas, naquilo que Durkheim (1989, p. 513) chamou de *representações coletivas*; por isso é praticamente impossível se desvencilhar desse elo social embutido nas trocas de dádivas. Ele "compromete, liga mágica, religiosa, moral e juridicamente o doador e o donatário" (idem). Assim, os dons estabelecem os vínculos humanos e também divinos. É o que Maurice Godelier (2001, p. 46) chamou de *imaginário religioso*. Se Deus nos confia algo, temos obrigação de retribuir, de alguma forma, esse dom que ele nos confiou, e desse modo são firmados os relacionamentos com Deus, sem que isso contradiga a graça.

Na segunda esfera, tida como sobrenatural, metafísica ou religiosa, dom significa bem, bênção ou graça recebida de

Deus. Ambos os casos resultam numa aptidão inata para fazer algo que se configura em inclinação ou talento, fazendo do indivíduo alguém que se destaca entre os demais. Visto dessa maneira, o dom parece algo raro, concedido somente a alguns privilegiados. Em parte é, de fato, algo raro, porém não só para alguns privilegiados. Todos nós temos algum tipo de dom, de talento. Diria até que o temos em grande quantidade, porém o que nos falta, na verdade, é descobri-lo e aprimorá-lo. Ocorre que, mesmo quando descoberto, nos falta destreza para desenvolver esses dons ou talentos, e acabamos por medo, preguiça ou comodismo deixando-os adormecidos, sem dar oportunidade ou vazão para que eles se manifestem em toda a sua potencialidade. Isso ocorre porque, para desenvolver os dons, se exigem esforços, empenho e muita dedicação da nossa parte. Vejamos uma árvore. Por mais estática que ela possa parecer, para que ela atinja a sua maturidade e produza flores e frutos, depende de uma série de fatores como a natureza, com suas intempéries, os cuidados do agricultor, as circunstâncias e, sobretudo, os seus próprios esforços em produzir raízes profundas para buscar água e outros nutrientes nas profundezas da terra e alimentar aquilo que está oculto nas suas potencialidades naturais. Esse último, o esforço próprio, é o mais importante e fundamental em todo esse processo de crescimento e produção. Ocorre o mesmo conosco, é preciso cultivar os dons que existem dentro de nós e adestrá-los para que atinjam a perfeição, e isso demanda esforços.

Em alguns aspectos, diferentemente de outros animais, nós humanos precisamos submeter-nos a um doloroso processo de "adestramento" para desenvolver os dons e as potencialidades que existem em nós. Sabemos que não é preciso que se ensine um pato a nadar ou voar. Ele acaba de nascer e já desliza perfeitamente sobre as águas sem que ninguém o tenha dado aulas de natação. O mesmo acontece quando atinge a idade de voar. Ele plana com leveza nas alturas, sem nenhum esforço. Porém, conosco é diferente, é preciso antes aprender. Por isso, nascemos dotados de inteligência. Não obstante, nenhuma pessoa se transforma em atleta sem ter tido antes muito treino. Dificilmente aprendemos a ler e a escrever se não houver empenho em desenvolver essa técnica. Ninguém se transforma em artista, músico ou pintor de uma hora para outra sem que antes houvesse dedicação em exercitar esses dons. O dom está lá, dentro de nós, oculto nos recantos da nossa alma aguardando a hora de ser revelado. Ao longo da vida vamos inspecionando esses recantos até que o descobrimos. Uma vez descoberto, vêm os seguintes passos: O que fazer com esse dom? Como desenvolvê-lo? Como fazer com que ele se transforme em algo que faça a diferença? Vale lembrar da parábola do tesouro escondido no campo (Mt 13,44): quando um homem o encontra cheio de alegria, ele vai e vende todos os seus bens e compra esse campo. É algo parecido que ocorre conosco. Enquanto não encontramos esses tesouros que são os dons ou talentos que temos dentro de nós, nossa vida segue inexpressiva, mediana ou mesmo insignificante; porém quando descobrimos nossas potencialidades, mesmo que não as revelemos de imediato, mudamos radicalmente os rumos de nossa história. Como na parábola do comprador de pérolas (Mt 13,45), descobrir os dons é como descobrir pérolas de grande valor. Quando os encontramos, abrimos mãos de muitas coisas para nos dedicarmos com exclusividade àquilo que agora representa o grande valor da nossa vida. Assim, o que antes parecia de extremo valor perde sua importância. Passamos a nos dedicar com afinco àqueles tesouros agora descobertos. Vamos descobrindo os meios mais eficazes de aperfeiçoar esses dons, e eles vão ganhando visibilidade.

Em um belíssimo texto intitulado "As técnicas do corpo", Marcel Mauss (1934, p. 399-422) destaca a importância do *adestramento* do nosso corpo para que desenvolvamos os nossos talentos, nossos dons, nossas pérolas preciosas. Isso porque "o corpo é o primeiro e o mais natural instrumento do homem (...). O primeiro e o mais natural objeto técnico" que temos, diz ele. Lembra ainda que, "antes das técnicas de instrumentos, há o conjunto das técnicas do corpo" que precisam ser exploradas, e isso devemos aprender dos animais. Eles não dependem de instrumentos externos para desenvolver suas técnicas, aprendem buscando os recursos que lhes são inatos, que estão lá, dentro deles. Conosco poderá acontecer o mesmo se soubermos buscar esses recursos. Podemos fazer muito mais, porque temos a vantagem do uso da razão e dos infindos recursos externos dos instrumentos que nos auxiliam no aperfeiçoamento de nossas capacidades, de nossos dons.

Os que conseguem ver sua vida por esse prisma, além do que é aparente e limitado, não apenas descobre os dons, mas também encontra a melhor forma de exercitá-los, sem medo ou qualquer outro tipo de restrição ou constrangimento que impeça o seu desenvolvimento, atingindo, assim, coisas antes inimagináveis de serem atingidas. Porém, há os que se acomodam nos limites daquilo que é possível atingir sem muito esforço, permanecendo sempre na mesmice, sem grandes conquistas ou avanços, contentando-se com as migalhas que lhes são concedidas. Tornam-se pessoas tristes, sem muitas perspectivas ou com perspectivas tão tacanhas que beiram o ridículo. Tornam-se pessoas desprezíveis, como o homem que recebeu um talento e, em vez de multiplicá-lo, ele o enterrou por medo do patrão (Mt 25,14-30). Esses são os que invejam dos bons resultados obtidos pelos outros, mas não movem uma palha para obter sucesso na vida. Querem ser bem-sucedidos a partir do fracasso dos outros. Querem que as coisas aconteçam na sua vida num passe de mágica, sem esforços, e ainda criticam os que obtêm êxitos. Os que desejam destacar-se a partir da diminuição dos outros ainda não descobriram que têm dons, que são pessoas dignas de compaixão. Enquanto os primeiros são vistos como pessoas agraciadas, privilegiadas, enfim, pessoas com dons, os segundos, os que deixam ocultos seus dons e invejam o sucesso de outros são tidos como pessoas privadas de privilégios e até mesmo como desgraçadas, no sentido de não terem recebido nenhuma graça. Sabemos, portanto, que essa é uma visão equivocada, porque Deus não priva nenhum de seus filhos da sua graça, mas confere a todos diferentes dons, seja em espécie ou em quantidade. Uns têm o dom de ensinar, outros de cantar, outros de falar, outros de ouvir... O que importa mesmo é aperfeiçoar esses dons e colocá-los a serviço uns dos outros para que se multipliquem. Teremos, então, nessa troca de dons, não apenas a sua multiplicação, mas também a geração da vida em comunidade, interdependente, em que um sabe que necessita do outro para viver. Paulo, na sua primeira Carta aos Coríntios, afirma que "existem dons diferentes, mas o Espírito é o mesmo; diferentes serviços, mas o Senhor é o mesmo, diferentes modos de agir, mas é o mesmo Deus que realiza tudo em todos" (cf. 1Cor 12,4-6). Embora pareça paradoxal, mas é esse mesmo Espírito que nos concede dons tão diferentes que nos une através desses mesmos dons. Não importa qual seja o nosso dom, o que importa são as aspirações que temos. São elas que vão fazer com que nossos dons se desenvolvam e nos tragam êxito na vida. O próprio Paulo recomenda para que aspiremos aos dons mais altos (1Cor 12,31) se queremos ir além das aparências. O problema está em como estamos administrando esses dons, esses talentos. Cabe, aqui, retomar a parábola dos talentos (Mt 25,14-30) para entendermos melhor como os dons nos são concedidos e o que se espera de nós a respeito deles.

O texto conta que um homem que viajaria para o estrangeiro chamou seus colaboradores e entregou seus bens para que cuidassem dos mesmos da melhor maneira possível. Esse homem é Jesus. A viagem é sua ida definitiva para junto do Pai. Seus bens são os dons que ele nos confiou, e, por fim, esses colaboradores somos nós, seus discípulos. Os bens são os nossos dons e os dons são sabedoria, entendimento, conselho, fortaleza, ciência, piedade e temor de Deus, teologicamente conhecidos como "dons do Espírito Santo" (cf. 1Cor 12,1-11). Com esses dons nossa vida moral é sustentada (cf. CIC,

1830), ao mesmo tempo em que sustentamos a responsabilidade de dar continuidade ao projeto de Jesus, que é o de tornar este mundo melhor a partir das ferramentas-pessoas de cada um. Desses dons se desdobram muitos outros, que são considerados seus *frutos*, isto é, os resultados da boa administração desses dons se configuram em caridade, alegria, paz, paciência, longanimidade, bondade, benignidade, mansidão, fidelidade, modéstia, continência, castidade (cf. Gl 5,22-23), todos elementos necessários para uma vida plena. Porém, os dons não nos são concedidos de forma igualitária. Cada um os recebe conforme sua capacidade. Uns recebem mais e outros menos, porém, independentemente da quantidade recebida, todos temos responsabilidade em administrar com qualidade esses dons. O texto bíblico fala que a um deu cinco, a outro dois e a um terceiro um. Deus conhece nossas capacidades e tudo o que ele nos confia está em conformidade com essas aptidões. Assim sendo, por que uns multiplicam seus talentos e se sobressaem enquanto outros passam a vida sempre do mesmo jeito, sem progredir em nada? Será que é porque uns têm sorte e outros não? Ou por que Deus ama mais a uns que a outros? Muita gente pensa assim, mas o texto bíblico não deixa margem para dúvidas. É porque uns são esforçados, bons, fiéis e outros são maus e preguiçosos. Os que receberam cinco e dois talentos se enquadram na categoria dos bons e fiéis. Eles souberam administrar bem esses dons, multiplicando-os. A recompensa vem de seus próprios atos. Eles terão muito mais. Dons que são colocados a serviço se convertem em outros dons num processo que se multiplica infinitamente, muito além daquilo que possamos imaginar; enquanto que os egoístas que escondem seus dons estão fadados ao empobrecimento em todos os sentidos. Ficam encarcerados em seus próprios limites. Não conseguem ver além daquilo que está à sua volta, e aquilo que está à sua volta é visto de modo limitado. Foi o que ocorreu com o terceiro, que havia recebido um dom. Por ser mau e preguiçoso simplesmente o escondeu, e por estar oculto o dom não se multiplicou, e por não se multiplicar perdeu o seu valor, e por não ter valor de nada serviu. De nada servindo deve ser jogado fora, ficando, assim, sem nenhum talento. Entendemos, assim, a expressão do final da parábola que diz: "porque a todo aquele que tem, será dado mais, e terá em abundância. Mas daquele que não tem, até o que tem lhe será tirado" (Mt 25,29). A responsabilidade está em nossas mãos. Somos nós que temos de nos esforçar para fazer com que nossos dons se multipliquem. São eles que nos completam e nos levam à perfeição (CIC, 1831).

Vamos, a seguir, analisar cada um desses dons e ver como eles podem multiplicar-se em nossa vida, tornando-nos pessoas dóceis para seguir os impulsos do Espírito Santo (CIC, 1830), concessor desses mesmos dons que levam à perfeição as nossas virtudes.

1. Sabedoria

A sabedoria consiste em ver as coisas além de suas aparências, e tal afirmação não pretende ser uma definição do conceito de sabedoria. Não é este o objetivo da reflexão ora proposta. Sabedoria é um dom, e como tal não se deixa capturar pelos limites impostos pela definição. Quando definimos algo, colocamos limites naquilo que pretendemos definir e, assim, temos a grata ilusão de ter-se apreendido o objeto de nossa definição na sua totalidade. Sócrates, ao afirmar que "só sabia que nada sabia", estava dando provas da sua infinda sabedoria. Nossos limites não nos permitem saber tudo sobre tudo, mas nos permitem saber que somos limitados no nosso conhecimento. Só quando nos damos conta disso estamos aptos a ir além daquilo que conhecemos.

Na realidade, quase nada sabemos das coisas, situações ou pessoas, a não ser aquilo que elas permitem revelar ou aquilo que nossos limites permitem-nos conhecer. O que elas revelam nem sempre corresponde ao que de fato são, principalmente quando se trata de pessoas. Isso porque somos "atores sociais", representamos ao mesmo tempo diferentes papéis, personagens que variam de acordo com as circunstâncias, ocasiões ou situações. Quanto às coisas, elas são representações daquilo que realmente são e o que conhecemos delas não passam de representação do real. Quem vê uma estrela no céu vê apenas um ponto luminoso na escuridão, porém desconhece o infinito que a envolve e o que ela de fato é. Assim acontece com tudo o que está à nossa volta ou com tudo o que nossos olhos nos permitem ver, nossos ouvidos nos permitem ouvir ou nossos sentimentos nos permitem sentir. Elas, as coisas e as pessoas, são muito mais do que aquilo que nos é permitido saber sobre elas. Desse modo, se nos contentarmos com as aparências das coisas, podemos formular conceitos errôneos das mesmas. Assim, a maioria dos nossos conceitos não passa de pré-conceitos ou nossos juízos não passam de pré-juízos, o que resulta em prejuízo do saber. O primeiro passo para o exercício da sabedoria está em querer conhecer além daquilo que os limites da aparência deixam captar, e isso se faz com persistência metódica, no sentido de ter um método para a busca do conhecimento das coisas. Todos os grandes pensadores tiveram seus próprios métodos para chegar ao conhecimento da verdade. Sócrates usava a *maiêutica*, que consistia numa espécie de ginástica do pensamento. Como o corpo, o pensamento também precisa ser submetido a exercícios para ser desenvolvido. Se não exercitarmos nosso intelecto, ele vai atrofiando-se e reduzindo cada vez mais sua área de conhecimento. A *maiêutica* é, portanto, um método que não dá respostas prontas ao nosso intelecto, mas o incita com perguntas que geram outras sucessivas perguntas, até extrair, daquilo que se julga conhecer, algo que seja satisfatório, próximo da verdade, ou então comprovar que, daquilo que julgávamos saber, nada ou quase nada sabemos. Esse método nos torna mais sábios porque nos proporciona uma noção do tamanho da nossa ignorância e, assim, nos tornamos mais humildes. Foi através desse método que Sócrates chegou à conclusão de que a única coisa que ele sabia é que, diante da imensidão e complexidade das coisas, nada sabia. Na esteira de Sócrates, Leonardo da Vinci dizia que pouco conhecimento faz com que muitas criaturas se sintam orgulhosas, porém, muito conhecimento faz com que se sintam humildes. De acordo com Da Vinci, os mais orgulhosos são os mais ignorantes porque ignoram a própria ignorância. Desse modo, podemos utilizar a *maiêutica* aplicando perguntas simples, como os sucessivos "por quês" das crianças em determinada fase da vida. Perguntas que devem multiplicar-se, desdobrarem-se em outras perguntas até levar as pessoas a se questionarem sobre as próprias convicções, transformando-as, assim, em outras questões. Pessoas que têm muitas certezas revelam ser pessoas pouco sábias e, sobretudo, limitadas.

Na mesma linha temos a *dialética,* que é a arte do diálogo, da contraposição e contradição de ideias que levam a outras ideias. Tida não como um método, mas como algo que deriva da natureza das coisas, a dialética busca refletir acerca da realidade das coisas. O filósofo Hegel usava a *dialética* para mostrar as coisas além dos seus horizontes. Esse modo de exercitar o pensamento, originário da Grécia antiga, consiste em refutar uma determinada tese. A tese é uma afirmação ou situação inicialmente dada. Essa tese gera uma antítese ou *anti tese*. A antítese é uma oposição à tese, sua função é, entre outras, questionar a tese, gerando um conflito. Do conflito entre tese e antítese surge a síntese, que é uma situação nova que carrega dentro de si elementos resultantes desse embate. A síntese, então, torna-se uma nova tese, que contrasta com uma nova antítese gerando uma nova síntese, em um processo em cadeia infinito, consistindo naquilo que se chama de dialética. Essa forma de raciocinar comprova que nunca esgotamos o conhecimento das coisas. Por mais que a conhecemos, há sempre algo a ser conhecido.

Vemos, assim, que a *sabedoria* pertence ao campo da filosofia, e filosofia é uma ferramenta do pensamento, e o pensamento não tem área delimitada, estando, portanto, presente em todos os campos de ação do ser humano, seja na arte, na ciência, na religião ou em qualquer outra área ou atividade que desenvolvemos. Nessa concepção, tudo se desenvolve pela oposição dos contrários. Esta contradição não é apenas do pensamento, mas da realidade, segundo a dialética hegeliana.

À vista disso, sabedoria não é apenas a soma dos conhecimentos adquiridos, mas sim de como procedemos para adquirir tais conhecimentos. É algo a ser exercitado. Um modo de aprender a apreender aquilo que não se deixa ver. Sabedoria é algo abstrato, não palpável, que não existe fora de um ser; portanto, para falar sobre a sabedoria é necessário falar do sábio. O sábio é como um bom fotógrafo. Ela capta, além do ângulo certo, o detalhe do objeto fotografado. Aquilo que para a maioria é imperceptível, ele torna perceptível. Mostra, assim, facetas ainda desconhecidas da realidade. É também como o pintor de quadros, que consegue apreender formas e nuances de situações efêmeras como, por exemplo, um pôr-do-sol, algo do cotidiano, aparentemente corriqueiro, porém de beleza indescritível, percebida somente pelos que alentam o dom da sabedoria. Aqueles que aprenderam a arte de observar a essência das coisas ocultas nas partes que compõem o todo. Os que registram o inusitado, o que quase ninguém vê ou dá importância. O sábio vê, capta e amplia essas situações e acontecimentos, tornando-a conhecida. Desse modo, o sábio é uma pessoa que faz revelações, isto é, sabe desvelar o que está velado, oculto. Torna compreensível o complexo e acessível o inacessível. Faz com que aquilo que é tido como feio e vil se mostre belo e importante. Transforma em arte o que antes era banal e sem importância, conferindo-lhe relevância extraordinária. O sábio é uma espécie de alquimista, um ourives sabedor das técnicas e da arte da ourivesaria das coisas aparentemente sem valor, descobrindo nelas preciosidades dantes ignoradas. Isso serve para todas as coisas, situações ou pessoas, e todos nós podemos exercitar esse dom nato que nos foi concedido. Basta aprender as técnicas e os métodos que possibilitam despertá-lo.

Segundo a teologia bíblica, a sabedoria vem de Deus, Javé (cf. Is 11,1-22), e nos é dada como dom para que possamos colocá-la em prática e transformar, para melhor, o mundo em que vivemos, fazendo dele uma sociedade alicerçada na justiça. Portanto, sabedoria, na Bíblia, está estreitamente vinculada à justiça. É sábio aquele que pratica a justiça porque ela sempre defende a vida, e a vida é o valor supremo. Desse modo, estes dois conceitos, *justiça* e *sabedoria*, são inseparáveis. Quem promove a justiça promove a vida e quem promove a vida dá prova de sua sabedoria. Quem é sábio, diz Isaías (11,3), não julga as coisas pela aparência, nem dará a sentença só por ouvir. Julga os fracos com justiça, dá sentenças retas aos pobres, defende os indefesos contra os violentos. Quem é sábio faz da justiça a correia que cinge sua cintura, isto é, está sempre a serviço da justiça, sendo fiel a ela em qualquer circunstância. O sábio entende que a justiça é o meio mais eficaz para implantar a paz e a harmonia sobre a terra, mesmo que a princípio possa parecer que ela não lhe traga benefício pessoal. O livro dos Provérbios (16,8) afirma que "mais vale pouco com justiça que muitos ganhos violando direitos".

Sócrates dizia que a única coisa que importava era viver honestamente, sem cometer injustiças, nem mesmo em retribuição a uma injustiça recebida. Às vésperas de sua morte, afirmou com a lucidez de um dos maiores sábios que a história da humanidade produziu: "a única coisa que fiz durante toda a minha vida, em público e em particular, foi nunca ceder a quem quer que fosse contra a justiça". Quem vive com essa certeza é feliz, e Diderot já dizia que a sabedoria não é outra coisa senão a felicidade. Por isso, mais vale adquirir sabedoria do que ouro (Pr 16,16), porque a sabedoria é a única que pode trazer-nos felicidade, e a felicidade é o fim último das pessoas, segundo Aristóteles. Para Aristóteles (1992, p. 17), a felicidade é um bem soberano, para o qual todas as coisas tendem. Ela é caracterizada como um bem supremo por ser um bem em si. Portanto, é em busca da felicidade que se justifica a boa ação humana, inclusive a justiça. Todos os outros bens são meios para atingir o bem maior que é a felicidade. Assim, a felicidade é um desdobramento da sabedoria. Todo aquele que sabe cultivar a verdadeira sabedoria tem como resultado a felicidade. Sobre a felicidade veremos em um outro momento.

Em suma, a sabedoria é a busca da felicidade e para se obter felicidade é preciso o dom do *entendimento*. Na continuidade da reflexão acerca dos dons que possibilitam ultrapassar nossos limites, vejamos, a seguir, o que é o entendimento e como podemos fazer para cultivá-lo e obter felicidade.

2. Entendimento

Somos chamados à perfeição. O entendimento é um dos sete dons que recebemos no processo de completude dessa perfeição. O dom do entendimento, também chamado "dom da inteligência" ou "dom do discernimento", tem estreita relação com o dom da sabedoria. É ele que nos proporciona uma compreensão mais profunda das coisas, além daquilo que elas revelam na sua aparência. No âmbito teológico, com o dom do entendimento, podemos compreender as verdades reveladas, contudo, sem desvendar os seus mistérios, pois são os mistérios que tornam as coisas encantadas. Vamos refletir aqui sobre o dom do entendimento tratando-o, em determinados momentos, como inteligência ou como discernimento, que são os dois outros sinônimos desse dom. Através do dom do entendimento, conhecemos as coisas, os outros, e passamos a nos conhecer mais profundamente e, assim, reconhecemos a profundidade de nossas limitações e misérias, o que nos faz mais humildes e nos ensina a nos curvar diante do mistério insondável de Deus e de toda a sua criação. Ensina-nos a relacionar melhor com os outros porque entendemos que não somos melhores que ninguém, apenas somos diferentes uns dos outros. Entendemos que as diferenças são necessárias, pois elas significam diversidades, e essas são fundamentais para a vida.

Em primeira instância, o entendimento corresponde ao ato ou ao efeito de entender. É a nossa faculdade de avaliar os seres e as coisas, podendo assim julgá-las da forma mais precisa e mais próxima da verdade. Com o entendimento, podemos emitir juízos de valor, formular nossas opiniões e chegar a um consenso sobre determinada coisa. É, portanto, a nossa potência ou faculdade humana de compreensão intelectual, aquilo que na filosofia idealista alemã de Emmanuel Kant (1992, p. 35) significa a faculdade de conhecimento relacionada com a investigação da natureza das coisas, porém, como já citamos acima, incapaz de refletir plenamente a respeito da realidade metafísica, isto é, daquilo que está além do mundo físico. Nessa concepção filosófica é a faculdade intelectual voltada para a organização e unificação das sensações múltiplas em conceitos e juízos. Faculdade adequada ao conhecimento do mundo sensível, porém impotente na investigação daquilo que Kant chamou de *verdades últimas*, e que aqui nós chamamos de mistérios insondáveis de Deus. Não obstante a essa concepção de Kant, o entendimento é um processo que vai, paulatinamente, atingindo níveis mais elevados. Hegel chamou esse processo de *dialética*. Para Hegel (2007, p. 63), o entendimento tem seu estágio primitivo, que é o momento em que fixamos e isolamos os conceitos sobre as coisas de maneira simples, ainda abstrata ou superficial. Porém, aos poucos, as coisas vão esclarecendo-se, e nós formulamos novos conceitos sobre elas. Vemo-las com novos olhares e elas se recobrem de novos significados. Aquilo que outrora víamos de uma maneira, hoje vemos de outra, e amanhã, com certeza, a veremos completamente diferente. O entendimento é, então, o desenvolvimento do intelecto. Na concepção de Hegel, as coisas são superadas por etapas superiores, capazes de apreender as contradições, a unidade e o movimento da realidade que elas significam. Isso nos remete às fontes nas quais Hegel buscou as bases de sua filosofia: a teoria de Heráclito, de Éfeso, um dos mais importantes filósofos pré-socráticos. Heráclito chamou a atenção para a perene mobilidade de todas as coisas. Um paradoxo que significa o fluir dos contrários. A essa constante mobilidade das coisas, aparentemente imóveis, ele deu o nome de *devir*. *Devir* significa transformar-se, vir a ser algo diferente do que foi antes. Segundo ele, nada permanece imóvel e nada permanece em estado de fixidez e estabilidade, mas tudo se move, tudo muda, tudo se transforma, sem cessar e sem exceção. Tudo está numa espécie de fluxo permanente, movimento ininterrupto, atuante, como uma lei geral do universo, que dissolve, cria e transforma todas as realidades existentes. Para ele, só o *devir* das coisas é permanente, no sentido de que as coisas não têm realidade senão justamente no perene *devir*. Para Heráclito, o *devir* é um contínuo conflito dos contrários que se alternam, é uma perene luta de um contra o outro, um combate infindo. E como as coisas só têm realidade no perene *devir*, essa peleja se revela como o fundamento da realidade das coisas. Parece contraditório e de difícil entendimento, mas essa guerra é ao mesmo tempo de paz e harmonia. É ela que faz com que o fluir perene das coisas e o universal *devir* se revelem na síntese dos contrários, tornando-se o perene pacificador dos beligerantes. Temos, assim, a harmonia do universo no seu constante fluir. Entendendo que é na síntese dos opostos que está o princípio que explica toda a realidade, estamos no caminho do entendimento do que consiste o mistério divino, a harmonia dos contrários, a unidade dos opostos, o Criador, o primeiro motor imóvel, segundo Aristóteles (2005, p. 61), porém que move todas as suas criaturas, transformando-as constantemente, como um calidoscópio que gira em nossas mãos, formando a cada volta diferentes e belas imagens, sem nunca repeti-las. O criador divino não repete suas criações, e sim transforma-as num constante *vir-a-ser* que, na visão aristotélica, consiste na passagem da potência ao ato. Essa passagem da potência ao ato requer finalmente um *não-vir-a-ser*, um motor imóvel, porém já em ato e um ato puro, pois de outra forma teria de ser movido por sua vez. Para Aristóteles, a necessidade desse primeiro motor imóvel não é absolutamente excluída pela eternidade do *vir-a-ser*, do movimento do mundo. Essa é a explicação dada por Aristóteles ao mundo, com todas as suas coisas criadas e, ao mesmo tempo, em constante criação. Por isso o entendimento das coisas nunca chega a um fim. Se elas mudam e se recriam constantemente, não é possível que a entendamos por completo. Isso exige que o nosso entendimento seja, igualmente, algo em constante mutação. Dizer que conhecemos as coisas em sua totalidade é a prova mais cabal do nosso desconhecimento ou da nossa ignorância.

Com esses conceitos filosóficos sobre o entendimento, mais voltados para a inteligência – o intelecto que nos proporciona o conhecimento das coisas de forma puramente racional –, passemos agora ao entendimento como conceito teológico, isto é, o entendimento enquanto dom do Espírito Santo dado para entender, espiritualmente, os sinais da presença de Deus entre nós, nas relações humanas e em todos os seus desdobramentos. Encontramos, na Bíblia, tanto no Antigo como no Novo Testamento, referências ao *entendimento* enquanto dom do Espírito, juntamente com os demais dons, como, por exemplo, em Isaías (11,1-5), na primeira Carta de Paulo aos Coríntios (12,4-11) e na Carta aos Romanos (12,6-8). Em todos esses casos, o entendimento aparece vinculado ao dom da sabedoria e, às vezes, com outras nomenclaturas, como *discernimento, ensino, inteligência,* entre outras.

Esse dom nos leva a entender e a compreender as verdades da salvação, reveladas nas Sagradas Escrituras e nos ensinamentos da Igreja e, a partir disso, melhorar nossos relacionamentos, sendo mais amigo, mais solidário, agindo com mais gratuidade e menos interesse, enfim, promovendo a paz e a concórdia entre todos. Quando entendemos os propósitos dos mistérios de Deus e o colocamos em prática, mudamos radicalmente nossa maneira de ser e de agir. Todos perceberão que o dom do entendimento é parte integrante de nosso ser, pois é ele quem nos concede discernir a realidade e tomar decisões acertadas. Portanto, o dom do entendimento significa não apenas o uso da razão, mas também a ciência do coração que ajuda a contrabalançar nossas atitudes e decisões, fazendo com que elas sejam tão humanas que tenham algo de divino. Entender significa ver com o olhar do coração, porém passando pelo filtro da razão. É sentir e conhecer os sentimentos e as atitudes da mente e do coração das outras pessoas.

Nesse sentido, trago presente um sentimento divino, presente em diversos momentos da vida de Jesus, dos discípulos e de tantos que se esforçam para colocar em prática o dom do entendimento: a compaixão. Esse é um dos sentimentos que mais coaduna com o dom do entendimento. Compaixão vem do verbo compadecer, sofrer com aqueles que sofrem, fazer do sofrimento do outro o meu próprio sofrimento. Quem tem compaixão entende o sofrimento do outro porque o sofrimento do outro é também o seu sofrimento. Desse modo, a pessoa acometida de compaixão não sossega enquanto não solucionar aquela situação de sofrimento do seu semelhante. A compaixão pode ser vista com mais nitidez na vida de Jesus. Ele teve compaixão em muitas circunstâncias diferentes que servem de modelo para as nossas próprias vidas, no nosso exercício de viver o dom do entendimento. No Evangelho da multiplicação dos pães (Mt 15,32), Jesus viu a multidão de gente necessitada, com fome e carente de tantas coisas elementares para a vida, e teve compaixão. Entendeu profundamente suas necessidades. A compaixão de Jesus o moveu para ensinar um dos mais importantes gestos da prática cristã: a partilha. Partilha é solidariedade, é compromisso com a dor e as necessidades dos outros, é vida que se doa e se multiplica em outras vidas. Vemos, então, porque o dom do entendimento é também discernimento, ensinamento. Jesus, ao se compadecer da multidão, exerceu o dom do entendimento e, assim, ensinou os discípulos a partilhar do pouco que tinham (sete pães e alguns peixinhos). O pouco partilhado transformou-se em muito e, além de saciar as necessidades da multidão, sobrou para sanar a carência de outros. Assim, o entendimento é fundamental para que ações em prol da vida sejam desencadeadas. Quem não entende as necessidades do seu próximo, não faz nada para solucioná-las.

A compaixão está também presente no Evangelho de Lucas (7,11), quando Jesus chega à porta da cidade de Naim e eis que levavam um defunto para enterrar. Era filho único e sua mãe era viúva. Jesus, ao ver o sofrimento daquela mãe, teve compaixão. Entendeu o tamanho da sua dor e procurou fazer algo para diminuir seu sofrimento. Foi isso que ocorreu também quando Jesus saiu da barca e viu a grande multidão que estava como ovelhas sem pastor (Mc 6,34). Teve compaixão e começou a ensinar muitas coisas para eles. Assim, a compaixão é resultado do dom do entendimento, e o dom do entendimento é o dom de ensinar, de ajudar a discernir, de colaborar no processo de compreensão do mundo e das situações que nos cercam. Ajuda-nos a solucionar os problemas e a tornar a vida mais plena de significados. Desse modo, vamos descobrindo qual é a vontade de Deus nos acontecimentos de nossa vida, ao mesmo tempo entendemos que nada acontece por acaso. Conseguimos ler nos acontecimentos os propósitos de Deus, mesmo que esses acontecimentos não sejam como nós desejaríamos que fossem. Aprendemos a tirar uma lição de tudo o que acontece na nossa vida e ajudamos os outros a fazerem o mesmo. Quando agimos assim, estamos também exercitando um outro dom, *o conselho*. É o que vamos ver a seguir.

3. Conselho

É comum, em determinados momentos da vida, termos dúvidas quanto aos rumos a serem tomados, principalmente quando se tratam de escolhas, decisões, opções a serem feitas. Nesses momentos surgem as incertezas que resultam em inseguranças, que por sua vez resultam em fracassos ou frustrações. Tudo isso é sinal de que um dos dons que recebemos está escondido. O dom do conselho. O dom do conselho não significa apenas dar ou receber conselhos, mas sobretudo saber discernir caminhos, saber orientar e escutar, animar a si e os outros, enfim, saber alentar a fé e a esperança.

Como vimos no início, os dons não existem em nós apenas para o nosso próprio benefício. Eles nos foram concedidos para que pudéssemos auxiliar a outros a viverem melhor. Assim, o dom do conselho é o dom de orientar e ajudar quem precisa. Fazemos isso quando dialogamos fraternalmente com os outros, quando ajudamos os outros a encontrar as melhores soluções para os seus problemas, quando a nossa conversa franca e sincera aponta luzes na escuridão das incertezas de nossos semelhantes, quando animamos os abatidos, alegramos os tristes, ajudamos a recobrar o ânimo dos que estão desanimados, enfim, quando ajudamos a transfigurar uma série de situações que necessitam de mudanças. Situações que são transfiguradas simplesmente porque exercitamos o dom do conselho que existe em nós. Isso nos faz recordar a passagem de Isaías que diz: "O Espírito do Senhor Javé está sobre mim, porque Javé me ungiu. Ele enviou-me para dar a boa notícia aos pobres, para curar os corações feridos, para proclamar a libertação dos escravos e pôr em liberdade os prisioneiros, (...) para consolar todos os aflitos, transformar sua cinza em coroa, seu luto em perfume de festa, seu abatimento em roupa de gala" (cf. Is 61,1-3). Lucas (4,18-19) retoma essa passagem e a coloca na boca de Jesus quando, ao voltar da Galileia, ensinava nas sinagogas exercitando o dom do conselho. Jesus toma o livro do profeta Isaías e lê a passagem supracitada, destacando que veio para anunciar a Boa Notícia aos pobres, a libertação aos presos, a recuperação da vista aos cegos, a liberdade para os oprimidos, enfim, um ano da graça do Senhor. São conselhos de esperança, cuja função e recobrar o ânimo daqueles que estão com a vida diminuída pelo sofrimento e por outras diferentes situações que os colocam em situação de risco. Quem nunca se deparou em sua vida com algumas dessas situações ou algo semelhante? Nesses momentos deve entrar em ação o dom do conselho, cuja função é recobrar o ânimo, anunciando a esperança. É uma espécie de dom profético que, recebido no batismo, nos faz participantes da missão profética de Cristo.

O dom do conselho, também conhecido como dom da prudência, faz-nos discernir corretamente o que convém dizer e o que convém fazer nas diversas circunstâncias da vida, conformando-a de acordo com o que Deus quer de nós. Ele nos orienta no processo de santificação, porque nos ajuda a buscar sempre as coisas de Deus, agindo com cautela e segurança em todas as circunstâncias. Jesus, ao enviar seus discípulos em missão, alertando-os para os imprevistos e perigos que iam encontrar no caminho, aconselha a serem prudentes como as serpentes (cf. Mt 10,16), ou seja, que procurassem ser discretos em seus atos, comedidos em suas palavras e sábios em suas ações. Não se deixarem levar pelas emoções, mas julgar tudo, retendo para si o que de bom encontrassem. Assim, o dom do conselho nos ajuda a viver melhor, evitar maiores transtornos e ter uma vida de paz e harmonia, mesmo que estejamos em meio a conflitos e perigos. É a arte de viver bem, não obstante as dificuldades e os riscos que o mundo oferece. Não deve ser confundido com alienação dos problemas e dos perigos. Pelo contrário, é a perspicácia em saber discernir o que é melhor e tomar a decisão acertada. Isso nos ajuda em todas as situações, seja nos relacionamentos sociais, nos negócios, no trabalho ou em qualquer outra circunstância que enfrentamos no dia-a-dia e que precisamos tomar decisões.

Assim sendo, o conselho é aquele dom que usamos a todo momento, porque a todo momento temos de tomar decisões. Tudo o que fazemos na vida é resultado de decisões. Decidimos desde as coisas mais simples do cotidiano até as coisas mais complicadas, que exigem um tempo maior de reflexão.

Ao acordar pela manhã decidimos a roupa que vamos usar, o que vamos fazer primeiro e, assim, paulatinamente, o dia vai colocando à nossa frente as coisas e as situações, e, sem perceber, vamos tomando decisões. Embora o ato de decidir seja frequente, quando se trata de algo mais sério, é comum não gostarmos de ter de tomar decisões. Tomar decisões nos incomoda, desinstala-nos, abala a nossa segurança. Às vezes chegamos até a desejar que as coisas já viessem prontas para nós, sem precisar ter de se preocupar em decidir, em fazer escolhas, porque toda escolha representa um risco e todo risco amedronta. Por que temos medo de tomar decisões? Porque uma decisão implica responsabilidade direta pelo resultado dela. É o medo de errar e se prejudicar ou prejudicar a outros. Quem toma decisões está arcando com as consequências dela resultantes. É por isso que quem não pode decidir sobre algo gosta de dar palpites e faz isso com desenvoltura, porém quando se é responsável pela decisão, não é tão simples assim. Seria mais simples se pudéssemos colocar a culpa nos outros se os resultados de nossas decisões não dessem certo. Assim, a decisão não representaria tanto risco porque se estaria isento da responsabilidade sobre ela. Desse modo, é comum que as pessoas prefiram não tomar decisões se não forem obrigadas. Por isso, muitos preferem rotinas, mecanismos, regras e processos com resultados conhecidos, simplesmente por se sentirem mais seguras. E há uma razão para isso: "processos conhecidos e decisões mecânicas reduzem mesmo o estresse e conduzem a resultados conhecidos", diz Augusto Campos. Percebemos isso quando vamos ao trabalho, ao supermercado ou a outros locais conhecidos. Preferimos o mesmo caminho, as mesmas ruas, porque elas já são conhecidas, oferecem menos risco de errar, sabemos aonde vai dar, quanto tempo vamos gastar, o que vamos encontrar pelo caminho, enfim, oferece-nos confiança e, assim, podemos relaxar. Escolher um outro caminho representa incerteza, insegurança e tensão. O novo sempre assusta e, naturalmente, desenvolvemos resistências contra ele, mesmo que seja melhor. Entretanto, nem sempre as condições necessárias ao uso dos processos conhecidos estão disponíveis, e aí as decisões precisam ser tomadas. É quando surgem a insegurança, as angústias e o medo. Nessas situações, não ter de tomar decisões seria mais cômodo, porém se estaria abrindo mão do livre-arbítrio, da liberdade, do uso da razão, cujo dom já refletimos anteriormente ao tratar da sabedoria e do entendimento. Vemos, assim, a estreita relação que o dom do conselho tem com os demais dons e como eles determinam o nosso comportamento e a nossa vida.

Em suma, o dom do conselho ou da prudência nos faz saber com segurança o que convém ou o que não convém dizer, fazer ou mesmo pensar nas diversas circunstâncias da vida. Pessoas que agem com prudência, guiadas por esse dom, acertam mais nas suas decisões. Isso porque sabem discernir o momento certo de agir e, assim, não terão tantos tropeços na vida. Quando as coisas não estão dando certo, temos um forte indício de que está havendo falha no uso do dom do conselho. É hora de rever, retomar o caminho e procurar colocar em prática, de modo adequado, esse dom tão importante. Se não for possível por conta própria, procure alguém que possa auxiliá-lo. Procure aconselhar-se com alguém que tenha facilidade para fazer uso desse dom. O dom do aconselhamento não é exclusivo de ministros religiosos, ordenados. Qualquer pessoa de fé, que viva os princípios religiosos, tem condições de aconselhar, apontar caminhos, ajudar na tomada de decisões. Às vezes ela nem precisa de palavras para aconselhar, basta que ouça atentamente as nossas dificuldades e as respostas vêm, naturalmente. O conselho, dado como dom, orienta-nos instantaneamente de forma perfeita, porque é o Espírito Santo que nos fala ao coração e nos faz compreender o que devemos fazer. Desse modo, agimos sem timidez ou incerteza, agimos com segurança e sem medo de errar. Podemos afirmar que, pelo dom do conselho, falamos, agimos ou raciocinamos com toda a confiança, com a audácia dos santos. À vista disso, as portas vão se abrindo, as ideias são iluminadas, as ações acertadas e as metas atingidas. O dom do conselho é o dom que nos dá confiança em nossas ações e dissipa o medo. Medo de agir, medo de falar, medo de expor nossas ideias ou qualquer outro tipo de medo que coíba a liberdade de expressão ou manifestação. Nas situações mais difíceis da vida, como, por exemplo, num momento de condenação, Jesus nos ensina como agir guiados pelo dom do conselho. Diz ele: "quando fordes presos, não vos preocupeis nem pela maneira com que haveis de falar, nem pelo que haveis de dizer: naquele momento ser-vos-á inspirado o que haveis de dizer. Porque não sereis vós que falareis, mas é o Espírito do vosso Pai que falará em vós" (cf. Mt 10,19-20). Isso vale para outras situações. O dom do conselho orienta-nos a confiar mais em Deus e em nós mesmos e a agir com serenidade. Ao deixar que o Espírito Santo nos guie, oriente e aconselhe, vamos sentir a ocorrência de significativas mudanças em nós. Onde havia inconstância, nasce a perseverança; em lugar da inquietude e da pressa, surgirão a paz e a calma; em vez da teimosia, a obediência. Seremos, assim, pessoas emocionalmente equilibradas e poderemos ajudar outros a serem também. O dom do conselho é um dom desencadeador de outros dons, como veremos nos passos seguintes, ao tratarmos do dom da fortaleza, da ciência, da piedade e do temor de Deus. Esses e os demais se desprendem do dom do conselho e se propagam na nossa vida, tornando-a mais plena, conforme pede Jesus no Evangelho de São João: "Eu vim para que todos tenham vida e a tenham em plenitude" (Jo 10,10). O conselho é, portanto, um dom de santificação. O dom que nos coloca no caminho da perfeição.

4. Fortaleza

Ser forte diante das dificuldades, enfrentando-as com coragem, sem desanimar é uma manifestação do dom da fortaleza. Precisamos dele constantemente, pois viver não é nada simples. A cada dia, desfilam diante de nós uma série de situações problemáticas e tentações que, se não formos fortes, sucumbimos nas primeiras dificuldades. Quem é forte, no sentido de fazer uso do dom da fortaleza assume com alegria os deveres que a vida lhe impõe e ainda encontra tempo para realizar com maestria seus sonhos e projetos. Quando o dom da fortaleza está sendo colocado em prática, são vários os sinais que obtemos como resposta: resistimos com mais facilidade às seduções; enfrentamos com prudência e coragem os riscos em nossos empreendimentos, enfim, quando temos certeza de que estamos fazendo a coisa certa, não tememos as consequências, não nos amedrontamos diante de ameaças e perseguições. Tudo isso porque confiamos nesse dom tão importante que nos foi concedido.

O dom da fortaleza é conhecido também como dom da coragem; e coragem não é atributo apenas dos grandes heróis, das pessoas que se destacaram numa batalha, numa causa, numa missão ou em qualquer outro empreendimento. É aquela força que brota de dentro de nós no cotidiano da vida e nos ajuda a atravessar os momentos mais difíceis. O mundo está cheio de heróis anônimos, pessoas corajosas que enfrentam grandes dificuldades e conseguem transpô-las, apesar da aparente fragilidade. São pais e mães de família, trabalhadores assalariados, desempregados, enfim, uma infinidade de categorias e situações que se não fosse o dom da fortaleza presente em suas vidas, elas não conseguiriam suportar tantos desafios e sobrevir a eles.

Pessoas fortes, no sentido de serem portadoras do dom da fortaleza não são simplesmente as que têm a aparência física de forte, força física adquirida através de treino nas academias, mas as que têm aquela força que vem de seu interior, permitindo que atravesse as mais difíceis situações sem esmorecer ou se abalar demasiadamente. Aquela força que faz a dor se transformar em algo producente, como a ostra que, na dor provocada pelo grão de areia que penetra em seu interior, produz um invólucro para se proteger e, dessa forma, transforma-o numa pérola. Sem fazer apologia do sofrimento, Rubem Alves (2008) lembra que a ostra, para fazer uma pérola, precisa ter dentro de si um grão de areia que a faça sofrer. É o grão de areia, motivo do sofrimento, que lhe desperta a força adormecida que produz a pérola. Assim também ocorre conosco. Às vezes é preciso que passemos por experiências de sofrimento para que desperte em nós a força que está oculta e, assim, produzamos o antídoto contra o agente causador, isto é, a causa da dor. É ela, a força despertada, que vai ter o poder de transformar aquilo que é incômodo, dor e sofrimento, em pérolas. Desse modo, vemos que a força que possuímos só é ativada quando provocada, como ocorre num veículo automotor. É preciso dar a partida, ativar o motor de ignição para que o carro funcione. Se não houver provocações, a potência permanece adormecida, oculta, aguardando a hora de entrar em ação.

O dom da fortaleza é, além do "motor" do nosso crescimento, o que proporciona o nosso desenvolvimento em todos os sentidos. O progresso, o desenvolvimento das ciências e tecnologias, enfim, a evolução humana se dá a partir da necessidade de suprir carências. Quando sentimos que nos falta algo e esse algo é fundamental para a sobrevivência, buscamos dentro de nós a força oculta que nos capacitará a buscar um meio para suprir essa necessidade e, assim, vamos aprendendo novas técnicas, novos métodos para tornar a vida possível. Alguns chamam isso de evolução, nós, porém, classificamos como o dom da fortaleza. Vemos nisso a estreita relação entre os dons da sabedoria e do entendimento.

São as dificuldades que fazem despertar em nós o dom da fortaleza. Em uma homilia sobre a glória na tribulação, São João Crisóstomo escreveu a seguinte comparação: as árvores que nascem em lugares sombrios e livres dos ventos, ainda que exteriormente se desenvolvam muito, mostrando um aspecto frondoso, de fato são frágeis e facilmente se deixam derrubar, porém as árvores que crescem nos cumes das altas montanhas, sofrendo muitas vezes as fortes agitações dos ventos e estando constantemente à mercê das intempéries e inclemências, tempestades e névoas, tornam-se mais robustas do que o ferro. Assim acontece com o carvalho, uma árvore símbolo de resistência e de fortalecimento com as intempéries. Quanto mais tempestades o carvalho enfrenta, mais resistente ele se torna. Citei esse exemplo num outro livro, no qual recordo que até os botânicos e geólogos usam o carvalho como medidor de catástrofes da natureza. Quanto mais resistente a planta estiver, maior índice de catástrofes a região apresenta (cf. Pereira, 2008, p. 50). As plantas do cerrado e do semiárido também apresentam alto índice de resistência, como, por exemplo, o mandacaru e outras espécies de cactos. Elas conseguem resistir a longos períodos de estiagem, saindo de cada um deles mais resistentes ainda. Esses exemplos buscados na natureza ajudam a entender o nosso processo de fortalecimento e o próprio dom da fortaleza que existe em nós. Um dom que é exercitado a partir das situações de desafios. Quem nunca enfrentou obstáculos tem mais dificuldade em lidar com eles, porém quem enfrenta mais problemas adquire mais resistência e traquejo para lidar com eles. Para se chegar a uma olimpíada o atleta tem de submeter-se a uma sequência infinda de treinos e adestramento do corpo, colocando-o no seu limite. Já os que têm vida sedentária machucam-se diante do menor tropeço. Se a força física é resultado de treinamento e de confronto do corpo com os obstáculos, as demais modalidades de força, inclusive a espiritual, também resultam de empenhos e dedicação.

Na Bíblia o dom da fortaleza aparece em diversos momentos e situações. Em todos, com a função de superação de obstáculos, de limites, algo que impulsiona a ir além de nossos limites, chamados, aqui, de horizonte. A fortaleza aparece associada à capacidade de perseverar, à paciência, à tenacidade etc. Romero Frazão afirma que, pelo dom da fortaleza, o Espírito impele o cristão não apenas àquilo que as forças humanas podem alcançar, mas também àquilo que a força de Deus atinge. É essa força de Deus que pode transformar os obstáculos em meios; é ela que assegura tranquilidade e paz mesmo nas horas mais tormentosas.

Vale lembrar o exemplo do Apóstolo Paulo quando afirma: "tudo posso naquele que me fortalece" (Fl 4,13). Nesse contexto, Paulo orienta que não importa a situação e a condição que estamos vivendo, se confiarmos na força que emana de Deus, no dom que o Espírito Santo nos confiou, podemos superar todas as dificuldades, mesmo que o momento seja de aflição. Isso ele nos mostra quando, ao escrever sua segunda carta aos Coríntios, descreve as tribulações pelas quais passou por amor a Deus e ao próximo e como encontrou força para superar todas essas tribulações. Diz Paulo: "dos judeus recebi cinco vezes os quarenta golpes menos um. Fui flagelado três vezes; uma vez fui apedrejado; três vezes naufraguei; passei um dia e uma noite em alto-mar. Fiz muitas viagens. Sofri perigos nos rios por parte dos ladrões, perigos por parte dos meus irmãos de raça, perigos por parte dos pagãos, perigos na cidade, perigos no deserto, perigos no mar, perigos por parte dos falsos irmãos. Mais ainda: morto de cansaço, muitas noites sem dormir, fome e sede, muitos jejuns, com frio e sem agasalho. E isso para não contar o resto: a minha preocupação cotidiana, a atenção que tenho por todas as igrejas" (2Cor 11,24-28). Nada disso fez Paulo se separar do amor de Deus porque o dom da fortaleza estava com ele. Pelo contrário, afirmou que são nos momentos de fraqueza que ele se sentia mais forte, porque é na fraqueza que a força de Deus manifesta todo o seu poder (cf. 2Cor 12,9). São nesses momentos que sentimos o quanto necessitamos do dom da fortaleza e ele sempre vem em nosso socorro. O dom da fortaleza não nos deixa separar do amor de Deus nos momentos de fraqueza. Se há em nós o dom da fortaleza, nada nos separará desse amor, nem de nossos sonhos e projetos, nem de nossas buscas, enfim, de tudo aquilo que esteja em consonância com o projeto de Deus e do seu amor para conosco, como afirma Paulo em uma outra carta, agora aos Romanos: "Quem nos poderá separar do amor de Cristo? A tribulação, a angústia, a perseguição, a fome, a nudez, o perigo, a espada?" (Rm 8,35). O dom da fortaleza nos dá confiança, segurança, não nos deixa desistir, haja o que houver. Se nos momentos de dificuldades desanimamos ou desistimos, achando que Deus nos abandonou, é porque nos falta o dom da fortaleza.

Ser forte não é ser arrogante, orgulhoso ou prepotente. É ser simples, mesmo quando obtemos grandes conquistas. Tudo o que conquistamos na vida, frutos de nossos dons, não é para que inchemos de orgulho ou vaidade e nos consideremos melhores que os outros. É o contrário: forte é todo aquele que, não obstante as dificuldades, não esmorece, luta e vence, e, ao vencer, não perde a simplicidade de antes e está sempre pronto a ajudar. Paulo dizia que, apesar de ter recebido grandes graças de Deus, recebeu também um espinho na carne, e esse era para que ele não se inchasse de soberba por causa das revelações extraordinárias que havia recebido de Deus (cf. 2Cor 12,7). Os dons que Deus nos concede são para que sirvamos melhor, e não para nos considerarmos melhores. Ninguém deveria precisar de um "espinho na carne" para lembrar da sua fragilidade. As pessoas verdadeiramente fortes que a história da humanidade produziu foram também as que se revelaram mais fracas e humildes, como, por exemplo, São Francisco de Assis, Gandhi, Madre Teresa de Calcutá e tantas outras. Todas foram fortes sem ser arrogantes, porém foram ousadas. A ousadia é uma característica dos fortes, é uma manifestação do dom da fortaleza. É também destemor, arrojo, coragem. Em que essas personalidades supracitadas foram ousadas?

São Francisco ousou desafiar o poder patriarcal da época, abrindo mão do dinheiro e do poder que herdaria de seu pai para fundar um estilo de vida religiosa de total despojamento, buscando viver as propostas do Evangelho em sua total radicalidade. Para isso, enfrentou muitos obstáculos e demonstrou o verdadeiro dom da fortaleza. Gandhi demonstrou o dom da fortaleza com o método da não violência. Deixou para a Índia e para o mundo um legado de paz que é resultado desse precioso dom. Madre Teresa de Calcutá abriu mão de certos confortos para dedicar-se inteiramente aos pobres desta mesma Índia tão maltratada pela miséria; encontrou na fraqueza dos marginalizados a sua fortaleza, ajudando-os a serem fortes. Esses exemplos não são meramente humanos, eles vêm de Deus, que assumiu a nossa fraqueza para que fôssemos fortalecidos. A frágil criança nascida na estrebaria de Belém é o exemplo mais contundente do dom da fortaleza que Deus nos concedeu. Fez-se humano para que nos tornássemos divinos.

Com o dom da fortaleza somos capacitados a enfrentar duras provas. É esse dom que dá sustentação aos demais dons, produzindo em nós o desejo sempre crescente de avançar para águas mais profundas, robustecendo-nos na missão, conduzindo-nos para além dos horizontes de nossas fraquezas.

5. Ciência

O dom da ciência, também chamado de dom do conhecimento, não significa, exclusivamente, um corpo de conhecimentos sistematizados adquiridos via observação intelectual, identificação, pesquisa e explicação de determinadas categorias de fenômenos e fatos, formulados metódica e racionalmente (Houaiss, 2001, p. 715), como, a princípio, possa parecer. Não significa que a pessoa tenha dom para ser cientista, mas sim o dom de saber interpretar os sinais dos tempos, as coisas de Deus e a sua Palavra. É o dom que nos faz conhecer as coisas criadas em suas relações com o Criador. O dom de saber explicar a Palavra de Deus, as doutrinas da Igreja nela fundamentadas e aplicá-las no cotidiano da vida, fazendo com que o verbo de Deus se encarne na realidade humana, conferindo-lhe sentido e significado. É com esse significado que vamos refletir, aqui, sobre o dom da ciência. O dom que nos ajuda a distinguir o bem do mal (Bortolini, 1981, p. 57) e a ter discernimento das coisas, para assim poder fazer escolhas acertadas e viver nesse mundo primando pelas coisas que, de fato, valem a pena.

Antes de estender na reflexão das escolhas acertadas, iluminadas pelo dom da ciência, quero destacar alguns passos ou estágios que esse dom vai colocando em nossa vida para que possamos conhecer melhor a realidade das coisas que nos cercam. Eles são como que uma escada de três degraus. Cada um desses degraus tem uma função, que é conduzir-nos ao degrau seguinte, até que atinjamos a total ciência das coisas e situações e, assim, possamos fazer as escolhas de acordo com os preceitos divinos. Podemos dizer que é o método do processo de santidade. Os santos foram aqueles que mais souberam fazer uso do dom da ciência.

O primeiro passo neste processo é saber que as coisas que nos cercam, as coisas criadas, principalmente as coisas materiais, as quais buscamos ao longo de nossa vida, são, em si mesmas, relativas, passageiras. Elas só têm sentido se servirem para a nossa edificação pessoal e espiritual, no sentido de serem meios para se atingir determinados fins, e essa finalidade há que ser algo bom, algo que promova a vida e o reino de Deus. É nesse sentido que o autor do livro do Eclesiastes (1,2) dizia que tudo é fugacidade. As coisas que conquistamos pelo nosso trabalho, os bens que possuímos, os tesouros que ajuntamos, tudo isso é passageiro e só tem sentido se servirem para algo que o transcenda, que vá além daquilo que, em si, essas coisas representam. Nesse sentido, não há razão de nos envaidecermos com as coisas materiais ou os títulos que possuímos, porque, de fato, eles não nos pertencem. Hoje estão conosco e amanhã podem não estar mais ou nós mesmos podemos não estar mais, devido à nossa transitoriedade e temporalidade nesse mundo. Portanto, tudo isso não passa de vaidade. Vaidade é a qualidade daquilo que é vão, descartável, efêmero, passageiro. Aquelas coisas pelas quais não vale a pena viver e muito menos morrer por elas. Quando fazemos uso correto do dom da ciência, passamos a "filtrar" muita coisa e a não dar tanta importância a maior parte delas porque, na verdade, elas não merecem o tempo que a elas dedicamos. Gastamos muito tempo com coisas irrelevantes, fúteis e sem sentido, porém, quando aprendemos a primar pelas coisas mais importantes e necessárias e a ignorar as banalidades, a vida fica mais leve e melhor de ser vivida, sem tantas preocupações ou desgastes provocados pelas veleidades que nos envolvemos no dia-a-dia. O dom da ciência ensina-nos a despojarmos de muita coisa e viver somente pelas que são essenciais e eternas.

O segundo passo é reconhecer que as coisas criadas, embora sejam relativas, fazem parte da composição que dá harmonia ao mundo e são como que uma espécie de centelha divina. Tudo o que é criado por Deus é digno de nosso respeito. Quando pensamos assim, passamos a olhar as criaturas, não para contemplá-las em si mesmas, mas para nelas ver a glória de Deus e a perfeição de sua criação, principalmente quando se trata da criatura humana. Aprendemos a respeitar mais o nosso semelhante, a ver nele a imagem e semelhança de Deus, como nos questiona o Salmo 8: "Que é o homem, para pensardes nele? Que são os filhos de Adão, para que vos ocupeis com eles? Entretanto, vós o fizestes quase igual aos anjos, de glória e honra o coroastes. Destes-lhe poder sobre as obras de vossas mãos. Vós lhe submetestes todo o universo" (Sl 8,5-7). Essa constatação está presente também no livro do Gênesis (1,26), quando Deus cria o homem e lhe dá poder para dominar os demais seres presentes na natureza, obra de sua criação: "Então, Deus disse: 'façamos o homem à nossa imagem e semelhança. Que ele domine os peixes do mar, as aves do céu, os animais domésticos, todas as feras e todos os répteis que rastejam sobre a terra'".

O terceiro passo é saber que o dom da ciência faz-nos ver o sofrimento e a humilhação de maneira nova. Passamos a perceber que essas coisas que, a princípio, parecem diminuir a vida, não ocorrem em vão. Como já refletimos em outro momento, o sofrimento nos purifica. Ele é comparado à ação do fogo. Nos períodos de grandes estiagens, quando os campos ficam ressecados, o agricultor ateia fogo para que a palha seca se queime e, nas primeiras chuvas, brote uma nova pastagem. Junto com o capim seco, queimam-se as pragas e tudo aquilo que possa dificultar o crescimento de uma nova ramagem. O fogo, a princípio, destrói, faz o solo sofrer e torna a paisagem árida, porém o purifica para uma nova etapa de produção. Assim ocorre conosco. O sofrimento e a humilhação em si são dolorosos, deixam-nos aparentemente debilitados, mas nos fazem sair deles mais fortalecidos, mais semelhantes ao criador, fazendo brilhar em nós uma centelha do esplendor divino purificada pela dor. Quem já passou por grandes sofrimentos valoriza muito mais a vida, regozija-se simplesmente por não sentir nenhuma dor. Assim, o dom da ciência nos ensina a lidar com a dor, com o sofrimento, com a humilhação de maneira nobre, e a vivê-los com dignidade. Ensina-nos a fazer dos limões que a vida nos oferece saborosas limonadas.

Trago aqui dois casos citados por Rubem Alves que ilustram bem o que faz em nós o dom da ciência. Diz ele que, durante a Segunda Guerra Mundial, no conflito entre alemães e suíços, os alemães resolveram "presentear" os suíços enviando a eles uma caixa de presente, muito bonita, toda enfeitada. Porém, dentro da caixa havia apenas fezes dos alemães. Os suíços retribuíram o presente, enviando aos alemães uma outra caixa, também adornada, como geralmente são as caixas de presentes, porém contendo dentro dela lindos e deliciosos queijos suíços. Junto havia um bilhetinho: "continuemos assim a nos presentear com aquilo que temos de melhor..." (Alves, 2008, p. 101). O outro caso, semelhante a esse, é o de uma mulher que era odiada por todas as mulheres honestas da sua cidade. Diz Alves que "estas, movidas pelo pecado verde, a inveja, enviaram-lhe um presente: uma caixa cheia de bosta de cavalo. Ela retribuiu: enviou flores a todas as mulheres que, segundo o seu conhecimento, eram as 'presenteadoras', com um bilhetinho: 'cada um presenteia com aquilo que tem de melhor...'" (idem). O dom da ciência ajuda-nos a transfigurar a dura realidade, tornando-a como Deus quer que ela seja: um paraíso, onde as relações são pautadas no amor ao próximo.

Vemos, assim, que a humanidade está carente desse dom tão importante. O dom que não permite que retribuamos o mal com o mal, que não permite vingar-nos das maldades alheias, que nos ensina a perdoar as fraquezas humanas e a resgatar a ideia primordial do livro do Gênesis: transformar esse mundo num jardim, num lugar bom para se viver. Para que isso aconteça é preciso seguir algumas regras de ouro: fazer aos outros aquilo que gostaríamos que os outros nos fizessem (Mt 7,12); não retribuir o mal com o mal, mas que possamos perdoar sempre (Mt 18,21-22); ser sempre coerente e procurarmos viver, na prática, aquilo que na teoria se prega (Mt 23,3-7); praticar sempre a justiça, e que ela seja pautada pelo amor, e não pelas ações dos que estão no poder (Mt 5,19-20); viver relações de gratuidade, sem esperar coisa alguma em troca (Lc 14,12-14); se tiver de fazer opções por pessoas, que seja sempre pelos mais fracos e necessitados (Lc 15,3-10); não fazer coisas simplesmente para aparecer (Lc 20,46-47), mas que toda ação seja em prol de uma causa maior, buscando transformar a realidade, sem desejar visibilidade (Lc 13,19-21); ser o último a se servir e o primeiro a servir os outros (Mc 9,35). Seguindo essas regras, estaremos promovendo a paz e a justiça e fazendo deste mundo o lugar sonhado por Deus. Isso só é possível se praticarmos o dom da ciência.

O dom da ciência nos dá sensibilidade para compreender a realidade, interpretar os sinais dos tempos e agir da maneira mais adequada possível, conforme ensinou Jesus ao citar o exemplo das árvores quando começam a brotar, indicando que o verão está próximo (Lc 21,29). O agricultor que sabe interpretar os sinais da natureza investe acertadamente em seus planos agrários. Ele planta no momento certo. Sabe a hora de podar e a hora de colher. Sabe que para tudo há um tempo certo. Ele faz a sua parte e espera, pacientemente, que a natureza faça a sua. Assim agimos quando guiados pelo dom da ciência. Temos percepção para interpretar os acontecimentos e tomar, na hora certa, decisões acertadas. Ter o dom da ciência é estar ciente daquilo que é bom ou não. É agir com a confiança de se estar fazendo o bem, e o bem é tudo aquilo que promove a vida em todas as suas dimensões, fazendo com que as pessoas vivam felizes.

6. Piedade

Piedade é aquele dom que nos faz, a exemplo de Cristo, mansos e humildes de coração. Pessoas piedosas ou que vivem o dom da piedade são aquelas que se compadecem do sofrimento alheio. Portanto, piedade é o mesmo que misericórdia e compaixão. Mais que um sentimento ou uma prática externa, piedade é um modo de ser que nos faz tão humanos que revela o divino que existe em nós. Agimos com o dom da piedade, quando buscamos conformar nossa vida à vida de Cristo, não sossegando enquanto não vemos que o sofrimento do outro teve um fim. Piedade é fazer do sofrimento alheio o nosso próprio sofrimento. Aqui está o grande diferencial entre piedade e pena. Pena é um sentimento mesquinho. Eu vejo o sofrimento do outro, porém nada faço para amenizá-lo. Já a piedade ou compaixão faz com que eu não apenas veja, mas sinta a dor do outro. A dor do outro é também a minha dor e aquilo que dói em mim procuro resolver logo, porque não há maior incômodo do que sentir dor. Assim, a piedade é algo que nos envolve, compromete, mobiliza, comove, isso nos faz mover junto com o outro que sofre, faz-nos interagir com o sofredor, tira-nos de situações de alienação. Muitos confundem piedade com pena ou com devoção, reduzindo a piedade a um sentimento superficial ou a práticas religiosas populares. No senso comum uma pessoa piedosa é uma pessoa de oração. A vida de oração não deixa de fazer parte da prática do dom da piedade, porém não se resume somente a isso. Junto com a oração vem a ação, o compromisso com o próximo. O próprio dicionário (Houaiss, 2001, p. 2.209) define piedade como compaixão pelo sofrimento alheio, misericórdia.

Paulo, apóstolo, quando falava do dom da piedade que o movia diante da realidade de sofrimento de seus irmãos, dos clamores por justiça e dos grandes desafios impostos por Cristo à sua vida, falava dela como um "espinho na carne" (2Cor 12,7). O dom da piedade nos sensibiliza diante de qualquer sofrimento, porque o sofrimento não é um sofrimento qualquer. Todo sofrimento, por mais banal que possa parecer, é digno de piedade. Assim, o dom da piedade, a exemplo de Cristo, faz-nos irmanados na dor. Ele nos abre à vontade de Deus e nos ensina a ver no rosto do irmão que sofre um outro Cristo sofredor.

O dom da piedade aprimora em nós as virtudes, como veremos na segunda parte deste livro. Virtudes como a *caridade* e a *justiça* dependem do dom da piedade. Quem não exercita esse precioso dom, dificilmente vai praticar tais virtudes. Pelo dom da piedade, procuramos fazer para o outro tudo aquilo que gostaríamos que fosse feito a nós. Deus relaciona-se conosco pelo dom da piedade que é a graça. Ele nos dá muito além de nossos méritos. Que bom seria se nos relacionássemos com os outros guiados pelo dom da piedade, reconhecendo neles as nossas limitações e necessidades. Se assim fosse, estaríamos sempre prontos a agir. Por isso o dom da piedade faz parte dos dons da santificação. Necessitamos da piedade ou misericórdia de Deus, porém nem sempre nos damos conta de que não somos piedosos ou misericordiosos com nossos semelhantes a exemplo do que pede Jesus: "Sejam misericordiosos, como também o Pai de vocês é misericordioso" (Lc 6,36). Uma das orações mais conhecidas, o Pai-nosso (Mt 6,9-13), exorta-nos a pedir o perdão de Deus pelas nossas ofensas, porém nos coloca uma condição: que Deus nos perdoe assim como nós perdoamos aqueles que nos ofendem. Nem sempre nos damos conta disso. Às vezes se reza de forma tão mecânica ou automática que não se percebe a profundidade da condição que se coloca a Deus nessa oração. Se Deus levasse em conta o pedido que formulamos quando rezamos essa oração, nem sempre seríamos perdoados, porque nem sempre perdoamos os nossos irmãos. Porém, Deus é infinitamente piedoso para conosco. Piedoso porque conhece nossas limitações, fraquezas e ignorância. Sabe que nem sempre sabemos o que fazemos e o que pedimos. Assim, Ele concede a nós o que necessitamos e não o que pedimos, porque nem sempre o que pedimos corresponde ao que necessitamos e nem sempre sabemos expressar o que necessitamos devido à nossa ignorância. Ter piedade é ter consciência dessas limitações. O gesto de Jesus na cruz (Lc 23,34), ao pedir que o Pai perdoasse os seus algozes porque não sabiam o que estavam fazendo, foi um ato de profunda piedade. O dom da piedade pode manifestar-se a qualquer momento, inclusive naqueles em que aparentemente estamos necessitados da piedade ou da compaixão de outros e de Deus. Ter piedade não é um gesto de fraqueza, mas de fortaleza, nobreza e profunda consciência. Só tem piedade aqueles que estão bem consigo mesmo, que são seguros, que têm confiança em si e em Deus. Pessoas bem equilibradas são pessoas piedosas no verdadeiro sentido dessa palavra. São pessoas que aprenderam as verdadeiras lições da sabedoria divina e estão prontas a viver o dom que Deus lhes deu: a piedade.

O dom da piedade nos faz diferentes, faz-nos gratuitos em nossas relações. Fazemos além do convencional, do trivial, daquilo que todo mundo faz. Sabe-se que as nossas práticas são delimitadas por um horizonte de convenções sociais. Às vezes até a religião contribui para colocar limites nessas ações. Agimos dentro de um círculo limitado por normas e regras. Quando tomamos consciência do dom da piedade que existe em nós, esses limites desaparecem. Ampliam-se os nossos horizontes e passamos a amar não somente aqueles que nos amam. Amamos até os nossos inimigos. O amor passa a ser em nossa vida uma prática incondicional. O bem passa a ser parte integrante de nossa vida e não colocamos critérios para fazê-lo. Como diz o dito popular, "fazemos o bem sem olhar a quem". O bem passa a ser um desejo integrante de nossa vida e o queremos para todos, inclusive para aqueles que não pensam da mesma forma que nós. Aqueles que nos amaldiçoam ou querem o nosso mal são os primeiros destinatários do desejo de bem que existe em nós. Tornamo-nos pessoas de oração, mas não de uma oração focada nas nossas próprias limitações, mas uma oração encarnada numa realidade mais ampla, sobretudo pelos que nos caluniam. Damo-nos conta de que essas pessoas são dignas da nossa piedade e que por isso necessitam das nossas orações. Riscamos do nosso vocabulário e da nossa prática a palavra "vingança", porque a vingança é uma espécie de ópio. Ela traz uma falsa satisfação, um sentimento de prazer momentâneo, efêmero, que se esvai rapidamente deixando um vazio e uma insatisfação ainda maior. Há um provérbio atribuído a Tertuliano que diz: "Você quer ser feliz por um instante? Vingue-se. Você quer ser feliz para sempre? Perdoe". O dom da piedade nos ensina a perdoar, faz-nos pessoas melhores, mais nobres e, sobretudo, mais felizes. Não nos importamos mais com os atos mesquinhos, com as pequenas coisas, mesmo aquelas que, a princípio, nos fazem sofrer. Nisso consiste a expressão "se alguém lhe dá um tapa numa face, ofereça também a outra" ou "se alguém lhe toma o manto, deixe que leve também a túnica" (Lc 6,29). Não quer dizer para que sejamos tolos diante das maldades e injustiças humanas cometidas contra nós, mas sim que não paguemos o mal com o mal. Não retribuindo o mal, desbancamos uma cadeia de maldades, pondo fim a um círculo vicioso que só tende a se agravar. Assim, o dom da piedade revoluciona o nosso campo de relações, promovendo uma sociedade justa e fraterna que não se faz com vinganças, nem pela lei do olho por olho, dente por dente, mas com a prática da misericórdia, da piedade, principalmente com aqueles que nos colocam nos limites de nossa paciência. Se a violência gera violência, o amor gera amor. Ao retribuir um gesto violento com um gesto de amor, colocamos um ponto final na violência e plantamos uma nova semente. Isso só poderá ser feito se exercitarmos o dom da piedade que existe dentro de cada um de nós.

O dom da piedade nos coloca em sintonia com Deus. É o dom da intimidade de filhos com o Pai. Sentimos o quanto somos amados por Ele. Saber que temos um Pai misericordioso, que nos ama infinita e incondicionalmente nos faz pessoas de bem e nos faz semelhantes a Ele. Desse modo, o dom da piedade ensina-nos que somos Filhos e herdeiros de tudo o que Ele criou. Como herdeiros, cuidamos daquilo que nos pertence, pois tudo é importante para a nossa existência.

Enfim, o dom da piedade orienta de forma divina as relações que temos com Deus e com o próximo, tornando-as mais profundas e perfeitas. São Paulo, de modo implícito, alude a esse dom quando escreve: "Recebestes o espírito de adoção filial, pelo qual bradamos 'Abá, ó Pai'" (Rm 8,15). Como citamos, o Espírito Santo mediante o dom da piedade nos faz como filhos adotivos reconhecer Deus como Pai. Muda nosso comportamento de escravo para um comportamento de filho. Agir como filho de Deus é perdoar sempre. É fazer o bem a todos, indistintamente. É ter um coração generoso e compassivo. O dom de piedade não nos incita apenas a cumprirmos com nossos deveres religiosos de maneira filial, mas nos leva também a experimentar interesse fraterno para com todos os nossos semelhantes. Exemplos de vivência do dom da piedade encontramos na vida dos santos, como São Francisco de Assis, que soube viver o dom da piedade. Encontramos também esse precioso dom na vida de pessoas que não mediram esforços para diminuir o sofrimento de outros, como, por exemplo, Madre Teresa de Calcutá, Irmã Dulce da Bahia e pessoas anônimas no mundo, porém reconhecidas diante de Deus. São reconhecidas porque se colocaram ou se colocam a serviço da vida dos irmãos, principalmente dos mais necessitados. Esse é o verdadeiro exercício do dom da piedade.

7. Temor de Deus

O temor de Deus é o sétimo dos dons. Sete é o número da perfeição. Ao completar o número dos dons que Deus nos concedeu com o dom do temor, podemos logo imaginar a importância desse dom no nosso processo de santidade e perfeição. Esse é o dom que nos ensina a respeitar a Deus no seu mistério profundo, inatingível a nossa limitada compreensão. Não significa ter medo de Deus, como muitos podem imaginar, mas amá-lo sobre todas as coisas, porém cientes de que nunca o amaremos como Ele merece. Por maior que seja o nosso amor, ele nunca será suficiente. O temor de Deus nos faz reconhecê-lo como ser supremo, insondável, ao mesmo tempo acessível e inacessível. Acessível no sentido de que Ele está sempre ao nosso lado, sempre pronto a nos socorrer em nossas reais necessidades, porém inacessível na compreensão de seus mistérios. Assim, o dom do temor é o dom da prudência e da humildade. Prudência em lidar com as coisas sagradas, respeitando-as como extensão dos mistérios divinos, humildade em reconhecer nossos limites diante da grandeza de Deus.

O dom do temor de Deus nos ensina a não fazer de Deus um mero cumpridor das nossas vontades. Um Deus que exista simplesmente para servir aos nossos caprichos e desejos particulares, mas um Deus que está muito além de nossos interesses, que não se deixa manipular, mas que nos guia e conduz de acordo com a sua vontade. Retomo, aqui, mais uma vez, a sábia oração do Pai-nosso, no momento em que pedimos a Deus que seja feita a sua vontade, assim na terra como no céu. Deixar que se fizesse a sua vontade e não a nossa é um exemplo concreto do temor de Deus.

Teme a Deus quem consegue concebê-lo além dos limites de nossa limitada compreensão. Deus é infinitamente mais e maior do que a ideia que dele temos, e jamais conseguiremos defini-lo ou enquadrá-lo dentro de nossas parcas definições ou limites, porque o ilimitado não cabe dentro do limitado. O finito não comporta o infinito. Temer a Deus é ter consciência de que a nossa inteligência, por mais aguçada que seja, jamais vai poder desvendar os seus mistérios. Todo esforço em querer compreender ou igualar-se a Deus é vão e ilusório. Deus não é para ser compreendido, mas amado. Nisso consiste o temor de Deus. Compreendidas devem ser as ciências humanas, exatas, limitadas na sua aparente ausência de limites. São limitadas porque são exatas, são exatas porque são humanas, diferentemente de Deus que é ilimitado porque não é humano, e porque não é humano, não é exato.

Só podemos falar de Deus usando metáforas, comparações, parâmetros que conhecemos e, por isso mesmo, limitados. A mais conhecida delas é a comparação de Deus com a figura do pai, porque pai, conceito limitado, cabe nos limites de nossa compreensão. Pai, por mais que nossas experiências digam o contrário, é sinônimo de segurança, de amparo, de referência de uma casa, de uma família, de um indivíduo. Mesmo que não tenhamos tido um pai que tenha sido tudo isso, o nosso imaginário indica essa imagem forte, segura, que as representações coletivas das religiões formaram ao logo da história. Agregadas a essa imagem de Pai surgem outras, igualmente seguras e de proteção, como, por exemplo, as do Bom Pastor. O bom pastor é aquele que dá a vida por suas ovelhas (Jo 10,11). Quer imagem mais segura que essa? Não precisamos saber exatamente quem é Deus, basta saber que Ele dá a vida por nós. Saber que há alguém que dá a vida por nós nos dá todas as razões para viver com segurança e esperança. É uma visão de amor incondicional, extremada, que resgata toda a autoestima e nos coloca de pé ante os desafios da vida. Como podemos confundir temor de Deus com medo de Deus diante de uma expressão como essa, que traz até nós as noções de um Deus que é segurança ao extremo?

Desse modo, a ideia que temos de Deus não passa de conceito, de imagem, de referência que não corresponde ao que Ele é exatamente. Por mais que queiramos compreendê-lo, estaremos sempre presos às referências pré-concebidas, às imagens limitadas. Se as coisas que são limitadas e a realidade que nos cercam são mais do que a ideia que dela fazemos ou da compreensão que delas temos, quanto mais Deus, um ser ilimitado, jamais se deixará captar pela nossa compreensão. Assim, a maior de todas as ignorâncias está em achar que se compreende Deus. À vista disso, os teólogos são as pessoas mais vulneráveis de serem acometidas por essa modalidade de ignorância. Muitos se acham conhecedores de Deus e com isso dão provas que desconhecem a si mesmos. Por mais que falemos de Deus em nossas homilias e reflexões teológicas, estamos longe de captar o que Ele realmente corresponde. Temos, portanto, representações de Deus, e essas representações nem sempre correspondem à realidade. As mais comuns das representações são aquelas em que buscamos enquadrar Deus dentro de nossos desejos e imagens. Deus passa a ser para nós aquilo que dele fazemos. Invertemos o conceito teológico presente no livro do Gênesis (1,26), o de que fomos criados à imagem e semelhança de Deus, criando um deus à nossa imagem e semelhança. Dessa forma, o deus criado à nossa imagem e semelhança estará sempre a nosso serviço, podendo ser manipulado de acordo com nossos interesses, e isso é cômodo e conveniente. Inverte-se, assim, a ordem das coisas, colocando-se pessoas no lugar de Deus e Deus no lugar das pessoas. Criam-se religiões nas quais Deus pode ser manipulado mais facilmente, com normas e regras que favoreçam os desejos dos usurpadores do lugar de Deus. Orientam-se os fiéis que os temam como se fossem, de fato, deuses. Nessas condições, Deus tem de estar a nosso serviço, atendendo-nos prontamente. Fazemos troca com ele e, se ele não nos atender, não cumprir o trato feito, brigamos e o privamos de nossas ofertas. Esse tipo de deus há de ter medo, pois se trata de um deus perigoso, vingativo, que nos ameaça colocar numa câmara de tortura com nome de inferno se não cumprirmos com a nossa parte no trato. As religiões ou doutrinas que pregam esse tipo de deus não passam de "gaiolas de deus". Acham que podem prender Deus e adestrá-lo como se fosse um pássaro, o qual cantará para satisfazer as necessidades de bem-estar de seu dono. O temor de Deus não corresponde ao temor desse tipo de deus.

O temor de Deus nos coloca no nosso lugar enquanto criaturas. Seres dotados de dons e talentos, virtudes capazes de fazer grandes coisas, muito mais do que imaginamos, porém nada que supere a capacidade do criador. Os horizontes que Deus nos concede são imensos, tão imensos que não conseguimos transpô-los no curto espaço de nossa existência. Portanto, não precisamos querer usurpar o lugar de Deus para sermos respeitados na nossa dignidade de pessoa humana. Não precisamos ser deuses para sermos grandes. A grandeza do ser humano está exatamente na sua capacidade de se reconhecer pequeno. Foi esse o exemplo que Ele, infinitamente grande, nos deixou. Fez-se um de nós, escolheu ser entre nós o mais fraco entre os fracos, para fortalecer os que eram tratados ou tidos como fracos. Nasceu frágil e dependente numa estrebaria e morreu como se fosse o mais fraco. Nesse ínterim entre o nascimento e a morte, deixou-nos um legado de serviço aos mais fracos. Acolheu pecadores, esteve ao lado dos doentes e necessitados, curando-os de suas enfermidades e ensinando os seus discípulos as servirem na humildade. Sendo o primeiro a servir e o último a ser servido, deu-nos uma das mais belas lições de vida: ajudar-nos mutuamente. Diz Ele: "Eu, que sou o mestre e Senhor, lavei os seus pés; por isso vocês devem lavar os pés uns dos outros. Eu lhes dei um exemplo: vocês devem fazer a mesma coisa que eu fiz" (Jo 13,14-15).

Essa acessibilidade concedida a nós por Deus só podia vir de alguém infinitamente grande e misterioso que nos surpreende constantemente invertendo os valores humanos. Esse Deus é digno do nosso temor, da nossa reverência, da nossa adoração. Somente alguém verdadeiramente divino seria capaz de um gesto tão humano. Assim, o temor de Deus não nos torna menos humanos ou enfraquecidos. Pelo contrário, ele nos faz grandes porque reconhecemos a existência daquele que nos dá força. Podemos, então, como Paulo, dizer: "tudo posso naquele que me fortalece" (Fl 4,13).

O temor de Deus nos remete a obra mais famosa do filósofo Söeren Kierkegaard, intitulada *Temor e Tremor*. Ela foi publicada em 1843 com o pseudônimo de Johannes de Silentio. Nessa obra, cujo título parece ter sido extraído da carta aos Filipenses (2,12), o autor trabalha o tema do temor de Deus não apenas na linha religiosa, mas também filosófica. O existencialismo, algo presente nas obras de Kierkegaard, faz do temor de Deus um ato de coragem, o que desbanca a ideia de temor como sinônimo de medo. Numa abordagem que contempla a dialética existencial, Kierkegaard apresenta o homem ético representado pela figura de Abraão. Abraão, na medida em que se propõe a acreditar em Deus, dá o salto da fé. Ele vivencia o crer sem ver, e o viver pela experiência com Deus. Abraão teme a Deus e, por temer a Deus, não tem medo de nada, nem o medo de sacrificar seu bem mais precioso, seu único filho. Dá uma prova incondicional de confiança porque teme a Deus, isto é, ama e confia, e sabe que Deus não vai permitir que nenhum mal lhe aconteça. O temor de Deus presente nesse relato vai ecoar no Novo Testamento, quando Jesus, numa atitude de profundo temor de Deus, entrega-se à morte de cruz.

Temer a Deus, portanto, é demonstrar confiança. Deus não nos vai enganar em suas propostas, mesmo que elas possam parecer absurdas aos olhos do mundo. Quem age com confiança não esmorece diante das dificuldades, não se sente abandonado por Deus. Dá tempo ao tempo, sabe esperar na constante busca. Consegue vislumbrar nas pequenas coisas a grandeza da misericórdia de Deus.

Segunda Parte

As
Virtudes

Virtude está relacionada a algo bom. É uma qualidade que a pessoa tem e que está ligada ao que é considerado correto, desejável, enfim, bom. Há uma conformidade entre a virtude e o bem. O bem, por sua vez, está relacionado à ética e a ética tem a ver com a vida em sociedade. Portanto, bem é um conjunto de princípios fundamentais de determinada sociedade referente à vida e à dignidade das pessoas, preconizados como princípios ao desenvolvimento e ao aperfeiçoamento moral, quer dos indivíduos, quer da comunidade. Um ato só poderá ser considerado virtuoso, bom, se for ético. Sendo ético ele visará o bem, atendendo, assim, às aspirações essenciais da natureza humana.

De acordo com o Catecismo da Igreja, "virtude é uma disposição habitual e firme para fazer o bem. Permite à pessoa não só praticar atos bons, mas dar o melhor de si. Com todas as suas forças sensíveis e espirituais, a pessoa virtuosa tende ao bem, persegue-o e escolhe-o na prática" (CIC, 1993, p. 423, 1803). A virtude não é algo que, necessariamente, nascemos com ela, mas pode ser adquirida ao longo da nossa vida. Adquirimos hábitos ou tendências para as boas ações de acordo com o espaço social que somos criados. As ciências sociais afirmam que o meio faz o indivíduo, portanto, há maior probabilidade de alguém que nasce e cresce numa família de bem, virtuosa, desenvolver virtudes. Não queremos afirmar com isso que aqueles que não tiveram essa mesma oportunidade não possam ter ou desenvolver virtudes. A virtude é algo passível de se manifestar em qualquer ser humano, e o meio social tem grande influência nisso, mas não é o único fator. Há também virtudes que são inatas, isto é, pessoas que já nascem com tendências para as boas ações, mesmo que tenham vivido a maior parte de sua vida em ambientes poucos propícios para as virtudes.

Não é suficiente falar de virtude sem falar da pessoa virtuosa. A virtude está sempre atrelada a pessoas. As pessoas virtuosas são aquelas que desenvolvem capacidades que possibilitam que seus objetivos sejam atingidos, mesmo que para isso tenham de vencer muitos obstáculos. São persistentes, perseverantes, não esmorecem diante dos problemas. Não descansam enquanto não veem seus esforços surtirem efeitos. São pessoas que têm objetivos, suas ações estão direcionadas para finalidades específicas, e tais finalidades visam sempre o bem comum. Para atingir os fins determinados elas sabem usar de meios adequados, éticos. Para uma pessoa virtuosa os meios e os fins devem justificar-se, isto é, devem ser coerentes. Desse modo, para se obter algo que se considera bom, deve-se usar meios que sejam igualmente bons, que não prejudiquem a ninguém. Embora a máxima atribuída a Maquiavel, de que os fins justificam os meios, não seja de todo inadequada para uma pessoa virtuosa, desde que os meios se coadunem com os fins. Para

Maquiavel um príncipe não deve medir esforços nem hesitar, mesmo que diante da crueldade ou da trapaça, se o que estiver em jogo for a integridade nacional e o bem do seu povo. Isso não deixa de ser algo virtuoso. Para ele, a coerência está contida na arte de governar. A pessoa virtuosa é sempre uma pessoa coerente. Ao dizer que os fins justificam os meios, Maquiavel não quis dizer que qualquer atitude é justificada dependendo do seu objetivo. Seria totalmente absurdo. O que Maquiavel quis dizer foi que os fins determinam os meios. É de acordo com o seu objetivo que você vai traçar os planos de como atingi-los. Se o fim a ser atingido é o bem, os meios usados para atingi-los devem ser coerentes com esse fim. Se os meios não forem éticos, seu fim também não o será. Assim, reconhecemos uma pessoa virtuosa pelos meios que ela emprega para atingir seus objetivos. Isso vale não apenas para os políticos, mas para toda pessoa. Por exemplo: quem oprime, desmerece ou desrespeita o outro para obter ascensão social não é uma pessoa virtuosa. A pessoa virtuosa ascende pelas suas virtudes, isto é, suas capacidades, e nunca pelo desmerecimento da capacidade do outro. Em *O Príncipe*, Maquiavel afirma que "não se pode chamar de valor assassinar seus cidadãos, trair seus amigos, faltar à palavra dada, ser desapiedado, não ter religião. Essas atitudes podem levar à conquista de um império, mas não à glória" (Maquiavel, 2001, p. 34). A verdadeira virtude não usa de tais meios para atingir seus fins.

Para Platão e Aristóteles (1985, p. 82), virtude é uma propriedade inerente à particularidade de um determinado ser como característica própria e definidora, cuja realização consuma a excelência ou a perfeição desse ser. Neste sentido, virtude é algo que leva à perfeição. Na visão religiosa de São Gregório de Nissa, "o objetivo da vida virtuosa é tornar-se semelhante a Deus" (CIC, 1993, p. 423), isto é, a vida virtuosa é caminho de perfeição.

A carta aos Filipenses (4,8), ao falar das virtudes, recorda que a pessoa virtuosa é aquela que se ocupa com tudo o que é verdadeiro, nobre, justo, puro, amável, tudo que há de louvável, honroso, enfim, virtuoso ou de qualquer modo mereça louvor. Desse modo, fica fácil identificar uma pessoa virtuosa, porque as virtudes se revelam na sua prática diária. Nossas virtudes vão aflorar quando pautarmos nossa vida nesses valores. Seremos assim pessoas de atitudes firmes. Nossas disposições serão disposições estáveis. Os nossos atos serão regulados por perfeições habituais da nossa inteligência e da nossa vontade, e não por meras representações. Tudo o que é encenação não dura muito. Virtudes não se representam, vivem-se no dia-a-dia de modo natural e espontâneo, porque virtude faz parte da índole da pessoa e não comporta fingimento. O equilíbrio em lidar com todas as situações é uma das características da pessoa virtuosa. Sabemos ordenar as nossas paixões e nos deixamos guiar pela razão e pela fé. Quem age assim tem mais facilidade para levar uma vida moralmente boa. Tem domínio e alegria em suas ações. Afinal, "pessoa virtuosa é aquela que livremente pratica o bem" (CIC, 1983, p. 423, 1804).

Como os dons, as virtudes também são em número de sete, das quais quatro são virtudes *cardeais* e três são virtudes *teologais*. As virtudes cardeais ou morais são a prudência, a justiça, a fortaleza e a temperança. São, portanto, virtudes adquiridas humanamente. Elas nascem dos atos moralmente bons. São fundamentais para que a pessoa comungue do amor divino. Não é possível estar em sintonia com Deus se essas virtudes não forem colocadas em prática e não fizerem parte da nossa vida. Por isso o Catecismo da Igreja diz que elas têm o papel de "dobradiças" (CIC, 1804). É por esse motivo também que elas são chamadas de "cardeais". As demais virtudes, as teologais, que são a fé, a esperança e a caridade, agrupam-se em torno delas. O livro da Sabedoria (8,7) cita um exemplo afirmando que se alguém ama a justiça terá virtudes como frutos. A virtude ensina a temperança e a prudência, a justiça e a fortaleza. Assim, as virtudes humanas se fundam nas virtudes teologais. Há uma estreita relação entre elas. É esse entrelaçamento entre essas duas categorias de virtudes, humanas e teologais, que fazem de nós partícipes da natureza divina, pois as virtudes teologais referem-se diretamente a Deus. Fazem de Deus a fonte primordial de nossas ações. Se as virtudes humanas regulam os atos, adequando-os para que possamos viver da melhor forma entre nossos irmãos, as virtudes teologais "fundamentam, animam e caracterizam o nosso moral" (CIC, 1813). Podemos dizer que elas funcionam como um informante das virtudes morais, vivificando-as em nossa vida. As virtudes teologais estão infundidas na nossa alma e essa infusão foi feita por Deus, capacitando-nos para agir como seus filhos, merecendo, assim, a sua graça. São elas que nos fortalecem naqueles momentos que não sabemos onde buscar forças. Tudo isso porque tais virtudes são o penhor da presença e da ação do Espírito Santo nas nossas faculdades (idem), ensinado como agir da melhor forma. Isso nos faz lembrar aquela passagem do Evangelho de Lucas, que diz: "Portanto, tirem da cabeça a ideia de que vocês devem planejar com antecedência a própria defesa, porque eu lhes darei palavras de sabedoria, de tal modo que nenhum inimigo poderá resistir ou rebater vocês" (Lc 21,14-15). Não que planejar, preparar-se não seja algo importante, é o contrário, as virtudes humanas nos capacitam para isso, porém há momentos que qualquer preparação parece irrelevante diante da gravidade da situação, como no caso da perda de um ente querido. São nesses momentos que as virtudes teologais agem em nossas faculdades sem que a percebamos, e as forças brotam das entranhas de nossa alma, dando-nos palavras e ações acertadas que somente mais tarde, com as virtudes humanas, vamos poder refletir e elaborar todo o ocorrido.

Se algumas das virtudes, como as que são classificadas como virtudes humanas, são adquiridas, como, então, podemos adquiri-las? O Catecismo diz que podemos adquirir "pela educação, por atos deliberados e por uma perseverança sempre retomada com esforço" (CIC, 1810). E diz mais: diz que elas são purificadas e elevadas pela graça divina e que, com o auxílio de Deus, forjam o caráter e facilitam a prática do bem (idem). A pessoa virtuosa sente satisfação, felicidade em praticar o bem. O "medidor" para saber se somos pessoas virtuosas é verificar se sentimos bem, se ficamos felizes quando praticamos o bem.

Não é nada fácil manter o equilíbrio moral e praticar o bem quando estamos feridos pelo pecado, afirma o Catecismo da Igreja (1811). Porém, com o auxílio de nossas virtudes, principalmente das virtudes teologais, como a fé, a esperança e a caridade, Cristo nos concede a graça necessária para perseverar no bem e na conquista de outras virtudes. Isso não é nosso mérito, mas a graça de Deus. Afirma o Catecismo que "cada um deve sempre pedir esta graça de luz e de fortaleza" (1811) para permanecer nas virtudes que nos fazem pessoas de bem, idôneas, que vivem os verdadeiros valores. Pessoas que amam o bem e evitam o mal.

São as virtudes que nos ajudam a ver o mundo e as coisas naquilo que elas têm de humano e divino. Fazem-nos pessoas equilibradas, que sabem distinguir entre o bem e o mal, entre o efêmero e o eterno, e ver além daquilo que elas aparentam ser.

1. Fé

A fé é a primeira das três virtudes teologais. É uma virtude teologal porque é algo que independe de nós, vem de Deus. Ninguém escolhe ter fé ou não, ela vem de modo inexplicável e comanda nossas ações. Mesmo que existam fatores externos que favoreçam que vivamos num ambiente de religiosidade, de fé, não é garantia que a teremos de fato. De acordo com o Catecismo da Igreja, "a fé é a virtude teologal pela qual cremos em Deus e em tudo o que nos disse e revelou, e que a Santa Igreja nos propõe crer, porque ele é a própria verdade" (CIC, 1814).

Como num barco, onde o capitão está no leme, guiando-o no rumo certo, a pessoa de fé tem tanta confiança de que sua vida é guiada por Deus que ela se entrega totalmente em suas mãos e deixa que ele vá conduzindo para os rumos que desejar. Isso não quer dizer que a pessoa de fé não tem vontades ou iniciativas próprias, mas que sabe conformar sua vida à vontade de Deus. A Constituição Dogmática *Dei Verbum* afirma que a pessoa de fé entrega-se livremente toda a Deus. Porém, essa entrega não é algo simples. A mesma Constituição diz que "para prestar esta adesão da fé, são necessários à prévia e concomitante ajuda da graça divina e os interiores auxílios do Espírito Santo, o qual move e converte a Deus o coração, abre os olhos do entendimento, e dá 'a todos a suavidade em aceitar e crer a verdade'" (DV, 5). A pessoa deve deixar-se fazer como o barro nas mãos do oleiro (Jr 18,6): permitir que o criador a modele conforme sua vontade. Se quebrar, não der certo, ele recomeça de novo, até que a obra atinja o máximo de perfeição. Quem tem fé sabe que a sua vontade deve ser a vontade de Deus e, assim, esforça-se para que haja concordância entre elas. É isso que pedimos quando rezamos a oração do Pai-nosso: "seja feita a vossa vontade" (Mt 6,10). Viver isso com convicção é demonstração de fé.

Paulo, quando escreve aos Romanos, afirma que "o justo viverá pela fé" (Rm 1,17). A pessoa que tem fé é sempre uma pessoa que pauta sua vida, suas ações, pela justiça. Acredita que, apesar de tantas coisas e situações que insistem em afirmar o contrário, continua crendo que é só pela justiça que se verá o reino de Deus acontecer.

Fé é a confiança absoluta que depositamos em alguém ou em algo, sem, necessariamente, fundamentar essa confiança em argumentos racionais. Mesmo assim, segundo a filosofia escolástica, é possível alcançar verdades compatíveis com aquelas obtidas por meio da razão. Essa corrente filosófica não opõe fé e razão, mas vê em ambas duas maneiras distintas de obter-se a verdade.

No sentido religioso, fé é o mesmo que crença. É acreditar piamente em algo e direcionar suas ações e buscas em prol daquilo que se crê. Ela é a fonte e o centro de toda a vida religiosa. É esse o sentido bíblico de fé. No Antigo Testamento encontramos diversas passagens onde vemos como as pessoas pautavam sua vida pela fé. Abraão, considerado pai dos que têm fé, acreditou que Deus o chamou e lhe prometeu terra e descendência (Gn 12,1-2). Apostou toda a sua vida na promessa porque tinha fé. Esperando contra toda esperança, acreditou e tornou-se pai de muitas nações (Rm 4,19). Segundo Paulo, ele não fraquejou na fé, embora já estivesse vendo seu próprio corpo sem vigor – ele tinha quase cem anos – e o ventre de Sara já estivesse amortecido (idem). Sua fé era tamanha que ele não duvidou que Deus podia realizar o que havia prometido. Lançou-se na desconhecida aventura e obteve o que lhe fora prometido (Gn 21,1-7; 23,1-20). Não, porém, sem esforços da sua parte. A fé exige empenho, dedicação e, sobretudo, perseverança. Quem tem fé sabe que o tempo de Deus não é o seu tempo. O nosso tempo é cronológico e o tempo de Deus é *kairológico*. Enquanto nos preocupamos com prazos, minutos, horas, instantes, enquanto nos irritamos com atraso, estamos vivendo sob a égide do tempo, cronológico, o tempo que nos devora. Quando vivemos o dia, aproveitando os instantes, não mensurando o tempo, como, por exemplo, quando estamos na praia olhando o horizonte ou conversando sem preocupações com o relógio, estamos, de certa forma, experimentando a sensação do tempo *kairológico*, estamos "devorando o tempo", isto é, aproveitando dele. Desse modo, quando as coisas não saem conforme o planejado, mas aproveitamos o tempo para vivermos ao invés de nos queixar, estamos desfrutando não da quantidade do tempo, mas da qualidade. Assim, o tempo *kairológico* se sobrepõe ao cronológico, qualificando a nossa vida. Vida qualificada é vida quantificada. Quem vive bem tem grandes possibilidades de viver mais. Viver da fé e com fé é não se preocupar com a quantificação da vida, isto é, com quanto tempo ainda nos resta, mas com a sua qualificação, procurando viver com qualidade, viver bem. Nisto consiste a expressão de Jesus que encontramos no Evangelho de João: "Eu vim para que tenham vida, e a tenham em plenitude" (Jo 10,10). Vida plena, abundante é mais que vida longa, é vida vivida em todas as suas dimensões, sem privações, sem que nada ou ninguém a diminua. Quando Deus promete vida longa a Abraão, sinônimo de bênção, ele promete primeiro qualificar a sua vida: dar-lhe família e segurança, presentes na promessa de terra e descendência, e somente depois a sua longevidade. De nada serve uma vida longa se ela consistir apenas em sofrimento, sem esperança de melhora. Seria uma espécie de castigo. Ninguém deseja a eternidade do inferno, mas a eternidade do céu. A vida longa só é desejada se acreditarmos que ela contém a promessa de superação dos sofrimentos, de realização dos sonhos, de felicidade. A vida eterna só é desejada se a eternidade for o paraíso.

Uma demonstração de fé é não desistir dos sonhos só porque eles não se realizaram no tempo desejado. É não desistir diante dos obstáculos, da aridez das situações, mesmo que elas pareçam intransponíveis. É saber que nem tudo o que se enfrenta pode ser modificado, mas nada pode ser modificado até que seja enfrentado. Fé é perseverar na busca, apesar dos contratempos. É isso que nos ensinam os textos bíblicos. É colocar Deus no centro da nossa vida e confiar que ele tudo conduz. É a constante busca de encontrar Deus em todas as coisas, vê-lo nos acontecimentos, saber que nada acontece por acaso. Segundo Bauer (1973, p. 412), é estar diante de Deus com um constante "sim", mesmo que as coisas no momento não sejam do modo que desejaríamos que fosse.

Fé é uma virtude teologal porque não é algo escolhido, optado, mas algo sobrenatural. "É uma virtude sobrenatural pela qual o homem adere sem hesitação e sem constrangimento às verdades reveladas por Deus e como tais ensinadas pela Igreja" (Vincent, 1969, p. 205). Como diz a carta aos Hebreus (11,1): "a fé é um modo de já possuir aquilo que se espera, é um meio de conhecer realidades que não se veem". Por exemplo: quando celebramos a Eucaristia, no ato da consagração, é-nos apresentado o mistério da fé – "Eis o mistério da fé". O mistério da fé consiste em ver além da aparência. O pão e o vinho exposto sobre o altar não são mais apenas pão e vinho. Aquilo que aparentemente era ordinário, comum e até banal contém agora o extraordinário, o esplêndido, o indizível. A fé possibilita novos olhares. O que antes era visto como pão humano passa a ser visto como corpo divino. Uma mudança radical, chamada aos olhos da fé de transubstanciação. Tem-se, ao alcance das mãos, o divino desejado. Acontece a comunhão. Possuímos o desejado e deixamos que o desejado nos possua. O humano e o divino se amalgamam de tal maneira que a forma muda. O humano passa a comportar o divino, e o divino se comporta no humano, portando-o nos seus atos. É a experiência de imersão no transcendente. No dizer de Santo Tomás de Aquino, assentimos "à verdade divina, sob influência da vontade movida por Deus mediante a graça" (Mackenzie, 1983, p. 340). A graça de humanos e limitados que somos, fazer parte da vida divina e de acessar a sua verdade, uma verdade que vai muito além da nossa verdade.

Enfim, a fé é um dado que mobiliza, tira-nos do comodismo, da apatia e do suposto marasmo da vida. Quem acredita age. O verbo esperar, no sentido de "quem espera sempre alcança", não significa uma espera passiva, apática, mas uma espera ativa, dinâmica. Uma espera que faz as coisas acontecerem, porque se acredita que é possível ou que "para Deus tudo é possível" (Mc 10,27). Quem tem fé é perseverante e não desiste de lutar, mesmo que o esperado pareça impossível aos olhos humanos. Os inúmeros relatos de milagres, de curas de doenças supostamente incuráveis, são resultados da fé. A fé nos dá esperança e é de esperança que vamos falar a seguir, mostrando essa estreita relação entre essas duas virtudes teologais.

2. Esperança

Ninguém duvida que a esperança é algo fundamental na vida de qualquer ser humano. Quem perde todas as esperanças perde o sentido da vida. Esperança é um sentimento de quem vê como possível a realização daquilo que deseja, ela é a motivadora das buscas. Por isso, ao lado da fé e da caridade, a esperança é uma das três virtudes básicas da pessoa cristã. Semelhante a fé, a esperança é também uma virtude teologal, e isso significa que não é algo simplesmente humano, mas tem a ver com Deus e sua graça. Desse modo, a esperança, enquanto virtude, faz-nos vislumbrar a eternidade, a vida além da morte, o Reino dos Céus. Caminhamos confiantes, acreditando nas promessas de Cristo de que a nossa vida não se resume apenas naquilo que dela conhecemos, naquilo que está ao alcance de nossa compreensão, mas há algo muito maior que nos espera. O apóstolo Paulo, ao falar da ressurreição de Cristo e da vida eterna, afirma que se Cristo não ressuscitou, a nossa pregação é vazia, e também é vazia a fé que temos (1Cor 15,14). Se a vida se limitasse a isso que conhecemos, tudo não passaria de um grande vazio, de uma grande ilusão. É a esperança, aliada da fé, que nos dá a certeza de que algo maior nos espera após a passagem por este mundo. Colocando nossa confiança em Deus, "sem vacilar, mantenhamos a profissão da nossa esperança, pois aquele que fez a promessa é fiel", afirma a carta aos Hebreus (10,23). A esperança nos dá a certeza de que a vida eterna nos pertence, ela é nossa herança porque, por meio de Jesus Cristo, foi-nos derramado o Espírito, o justificador de nossa pertença a Deus. Somos, assim, herdeiros da esperança da vida eterna (Tt 3,6-7), e a vida eterna passa a ser a razão desta vida, o motivo maior de felicidade ou a felicidade maior que se possa esperar.

Já diziam os filósofos antigos que todo ser humano aspira por felicidade. Santo Agostinho e Santo Tomás de Aquino, aproveitando a deixa de Aristóteles, chegaram a afirmar que a felicidade é o fim último do homem. Cristo, no Sermão da Montanha, colocou em primeiro lugar as bem-aventuranças, no que Santo Tomás de Aquino vislumbrou a concepção da felicidade como fim último. Santo Agostinho também começou a exposição da moral cristã examinando o desejo de felicidade presente em todo ser humano. Tudo o que fazemos é para obter felicidade, porém a felicidade maior está em obter a vida eterna no reino dos Céus. É Deus que coloca no coração do ser humano a aspiração de felicidade. Isso é a esperança como virtude teologal.

Por meio dessa virtude todo cristão deseja e espera de Deus a vida eterna, sinônimo de felicidade última, o maior de todos os bens. Assim, coloca-se toda a confiança nas promessas de Cristo. Para merecer e perseverar nesta confiança até ao fim da vida terrena, é preciso acreditar que a ajuda da graça do Espírito Santo é essencial. É desse modo que a esperança, como virtude teologal, é aliada da fé.

A esperança cristã se manifesta desde o início da pregação de Jesus ao anúncio das bem-aventuranças (Mt 5,1-12), conhecida também como "sermão da montanha". Através desse texto, tido por muitos como o mais importante do Novo Testamento, a esperança é tida como a "âncora da alma" dos que sofrem: os pobres em espírito, os aflitos, os mansos, os que têm fome e sede de justiça, os misericordiosos, os puros de coração, os que promovem a paz, os que são perseguidos por causa da justiça, os insultados e perseguidos. Todas essas categorias de pessoas vítimas de algum tipo de sofrimento são alertadas a não desanimar, a ter esperança diante da dor e dos obstáculos, porque serão recompensadas. Estão descritos, de um modo impressionante e com muita clareza, os passos que devemos seguir para obter a felicidade suprema apesar do sofrimento do tempo presente. Elas são anúncios de felicidade porque dão esperança. Mostra que todo sofrimento é passageiro, principalmente o sofrimento trazido pela pobreza espiritual.

Quando reconhecemos a precariedade de nossa fé, a pobreza de nossa crença, a limitação do nosso conhecimento acerca das coisas de Deus reconhecemos que somos pobres em espírito, pobres de espiritualidade, pobres de fé, portanto, carentes de esperança. Anunciar que os pobres em espírito serão felizes porque, mesmo na sua ignorância o reino de Deus também é deles, é um profundo anúncio de esperança. A primeira das bem-aventuranças atinge o cerne de nossa vida, toca na nossa alma, conferindo-nos a virtude primordial que é a esperança. Com toda a nossa pobreza espiritual, Deus é tão misericordioso que não nos exclui do seu reino. No sermão da montanha, com a sua mensagem de esperança, Jesus expôs ao povo que Ele, Jesus, é o acesso ao reino dos céus e que todos aqueles que reconhecessem que eram pobres de espírito seriam bem-aventurados. Aqueles que reconhecessem a precária condição espiritual que se encontravam, a estes pertenciam o reino dos céus, que é Cristo. Eles precisavam reconhecer que eram necessitados espiritualmente. Assim ocorre conosco. Para sermos felizes, de fato, é preciso reconhecer primeiro a precariedade de nossa condição espiritual. Ainda somos fracos na fé e, se somos fracos na fé, a nossa esperança é também fraca.

A segunda bem-aventurança referente aos que são aflitos, aos que choram, mostra que a aflição e o choro denotam a condição de impotência frente a questões impossíveis. Após reconhecer a condição de miserabilidade espiritual, a reação da pessoa é ficar aflita e chorar. A única ação de uma pessoa miserável é a aflição, que resulta em choro. Esses serão consolados! Onde está a esperança? Quem haverá de consolar os aflitos que choram? A esperança está em descobrir que não estamos sozinhos. Há um Deus que nos ama, apesar de nossas fraquezas e misérias. Assim, os que choram serão consolados por aquele que tem o reino dos céus, a felicidade verdadeira, Jesus Cristo. É Ele quem enxugará todas as lágrimas!

Quanto à terceira bem-aventurança, a dos que são mansos, a mansidão a que Jesus se refere não é apenas comportamental. É antes uma mansidão vinculada ao coração ou à nova natureza do ser humano. Após o ser humano aprender de Jesus, haverá uma transformação em sua natureza, e este receberá a plenitude de Cristo, isto é, será semelhante a Ele: manso e humilde de coração (Cl 2,10). É a esperança da transformação do coração humano, cheio de falhas e fraquezas, num coração divino, capaz de amar e perdoar incondicionalmente. Ao dizer que os mansos herdarão a terra, Jesus não fez referência apenas aos elementos deste mundo que não deixam de ser importantes, como vemos no Antigo Testamento, na referência à promessa de terra e descendência. Esta referência tem uma conotação teológica. É também, e principalmente, a "terra do além", do descanso preparado por Deus. A "terra" representa um lugar de descanso que Deus preparou para os que aprenderam daquele que é, por excelência, manso e humilde de coração. Também no Antigo Testamento a terra prometida estava atrelada à ideia de descanso, porém no Novo Testamento a referência à terra diz de coisa melhor: do descanso de Deus. Aqueles que aprenderem com Cristo terão descanso para as suas almas.

A próxima bem-aventurança, a dos que têm fome e sede de justiça, encera um desejo de mudança. É a esperança de ver esse mundo transformado, onde todos possam viver e serem tratados com dignidade. Por isso Jesus, durante a sua vida pública, foi ao encontro dos que estavam marginalizados, as vítimas das injustiças. São esses que têm fome e sede de justiça. Anunciar que eles serão saciados é anunciar a esperança. Quanto aos misericordiosos que encontrarão misericórdia, é um incentivo para que não desanimem em perdoar sempre, não apenas sete vezes, mas setenta vezes sete. O reino de Deus só é possível se houver perdão sem medida e os misericordiosos são capazes disso. Anunciar que os puros de coração verão a Deus é um incentivo e, ao mesmo tempo, esperança para aqueles cujo coração está endurecido pela maldade ou impurezas. Recebendo esse anúncio saberão que é possível mudar um coração de pedra em um coração mais humano, mais divino. A mesma coisa acontece com os que promovem a paz, os que são injustiçados e perseguidos. Todos os que assim agem não devem mudar sua conduta só porque têm sido incompreendidos. É preciso perseverar na prática desses bens para alcançarem, de fato, a felicidade tida como a maior recompensa de Deus. O que se oferece nas bem-aventuranças ultrapassa as perspectivas humanas. São expectativas que vão além das limitações desta vida. Vislumbram realizações que estão além dos nossos horizontes. É a forma mais expressiva da esperança enquanto virtude teologal.

Enfim, falar de esperança é dizer a importância que o futuro tem na nossa vida. Um futuro de felicidade é o que todos desejamos. A confiança em Deus e na sua promessa de felicidade é que garante essa certeza que mobiliza o nosso presente e que nos faz, como Abraão, esperar contra toda esperança (Rm 4,18).

3. Caridade

Caridade é a terceira e última virtude teologal. Ela conduz as pessoas ao amor ao próximo e a Deus. O amor ao próximo já é uma forma de amar a Deus. Afirma o apóstolo São João que, "quem diz que ama a Deus e, no entanto, odeia o irmão, esse tal é mentiroso; pois quem não ama o seu irmão, a quem vê, não poderá amar a Deus, a quem não vê" (1Jo 4,19-20). O Catecismo da Igreja, ao falar da caridade como virtude teologal, diz que é através dela que "amamos a Deus sobre todas as coisas, por si mesmo, e ao nosso próximo como a nós mesmos, por amor a Deus" (CIC, 1822). Caridade é, portanto, sinônimo de amor. Não é por acaso que muitas traduções da primeira carta de Paulo aos Coríntios, capítulo 13, trazem a caridade como sinônimo de amor. Vale a pena retomá-la para melhor entender essa virtude. Leia o texto (1Cor 13,1-13) e medite sobre sua importância. O texto é questionador. Questiona o valor do que temos, somos ou fazemos; se esse ter, ser ou fazer não é resultado do amor, da caridade.

No mundo globalizado em que vivemos cada vez mais se houve dizer da importância de se aprender novos idiomas. Hoje, falar apenas uma língua significa ter um mundo muito limitado, não ter perspectivas de progredir na carreira profissional, de perder oportunidades. À vista disso, muito se investe. Desde a mais tenra idade a criança já tem de se confrontar com os desafios de aprender uma segunda língua e, quem sabe, outras mais. Tudo isso é muito importante, porém só terá sentido caso ela se torne uma pessoa mais caridosa, amorosa, sensível ao sofrimento alheio. De nada adianta falar vários idiomas se ela não tiver amor no seu coração, diz o referido texto. "Ainda que eu falasse línguas, as dos homens e a dos anjos, se eu não tivesse caridade, seria como o sino ruidoso ou como címbalo estridente" (1Cor 13,1). Isso vale também para os que dizem ter o dom das línguas, "língua dos anjos", aquelas que se manifestam em momento de êxtase religioso. De que adianta balbuciar uma língua estranha, tida como dom, se não houver caridade na minha prática diária. Seria apenas um ruído vazio, sem sentido.

A mesma coisa vale para as profecias, o conhecimento intelectual e até mesmo a fé. Tudo isso sem a caridade ou o amor, não tem sentido. De que adianta prever ou adivinhar o que vai acontecer no futuro se hoje a minha prática é isenta de caridade? O amanhã será melhor ou pior dependendo do meu amor para como o meu semelhante e com o meio em que vivo. Quem ama cuida daquilo ou daquele que ama. Quem cuida tem grande probabilidade de preservar para amanhã o que se tem hoje. Isso vale para o meio ambiente e para as pessoas que nele habitam. De que adianta as previsões de aquecimento global, de terremotos, ciclones, furações, excesso de chuva ou de seca e tantas outras situações catastróficas se a minha atitude é isenta de amor? A ciência, tão importante para o progresso humano, não conseguiu até agora resolver muitos problemas que atingem diretamente a vida. Os grandes sábios, os cientistas, continuam pautando sua prática não no amor e na caridade, mas no progresso em nome do lucro. O Protocolo de Kioto, cujo objetivo era firmar acordos e discussões internacionais para estabelecer metas de redução na emissão de gases-estufa na atmosfera, principalmente por parte dos países industrializados, além de criar formas de desenvolvimento de maneira menos impactante àqueles países em pleno desenvolvimento, não teve a participação de quem mais emite poluentes no ar, como os Estados Unidos, Austrália e Canadá. Não aderiram às regras porque tinham de cumprir metas que reduziriam seus lucros. Nesses países encontram-se grande número de cientistas e "sábios", porém pouco adianta tanta sabedoria se ela não estiver a serviço da vida. O mesmo vale para a fé. Ela só tem sentido se resultar em amor, caridade. A fé sem obras é morta, diz a Carta de Tiago (2,26). De nada vale cumprirmos com os preceitos religiosos se não nos compadecermos do sofrimento alheio. Podemos até concordar que a fé move montanhas, mas para que ela seja verdadeiramente fé, tem de estar encarnada na realidade, nos desafios do dia-a-dia, no compromisso com a vida do próximo, a serviço do outro, como vemos na explicação que Jesus dá ao especialista em leis, sobre quem é o nosso próximo (Lc 10,25-37). O texto relata sobre um homem que caiu nas mãos de assaltantes e foi espancado e deixado quase morto. Passaram por ele três categorias de pessoas: um sacerdote, um levita e um samaritano. Todas as pessoas que supostamente tinham fé. Porém, somente uma delas, o samaritano, teve compaixão e o ajudou. Quem demonstrou caridade para com ele? Somente o samaritano. A fé do sacerdote e do levita não foi suficiente para se concretizar em obras. Assim acontece conosco. Demonstramos nossa verdadeira fé se ela se consolidar em caridade. Assim vemos como se explica a expressão que diz: "ainda que eu tivesse o dom da profecia, o conhecimento de todos os mistérios e de toda a ciência; ainda que eu tivesse a fé, a ponto de transportar montanhas, se não tivesse caridade, eu não seria nada" (1Cor 13,2).

Caridade não significa apenas partilha, distribuição dos bens. Posso fazer isso e não estar sendo caridoso no verdadeiro sentido da palavra. Caridade envolve amor, partilha não somente daquilo que está sobrando na minha casa e na minha vida, mas partilha do essencial, daquilo que eu também necessito ou vou necessitar. Somente partilha o essencial aquele que verdadeiramente ama, aquele que sente a dor do outro como se fosse a sua dor. Doar o que está sobrando é fácil e pode servir apenas para aliviar a consciência ou para desocupar espaços, livrar-nos daquilo que não nos serve mais, enfim, para uma série de situações que não configuram propriamente caridade. O mesmo ocorre com as práticas penitenciais que colocam nosso corpo nos limites de sua resistência em nome de Deus. Não servem para nada, a não ser para provocar sofrimento se esse tipo de sacrifício não for por amor ao semelhante, se não for por uma causa nobre. Vemos em Mateus (9,13) que Deus quer misericórdia, caridade e não sacrifício. Portanto, de nada adianta distribuir nossos bens aos famintos e entregar o nosso corpo às chamas se não tivermos misericórdia em nosso coração (1Cor 13,3).

Quais são os sinais que acompanham quem vive a virtude da caridade? Quem é possuidor da virtude da caridade é paciente. Sabe esperar o tempo certo e não se irrita por qualquer motivo. É prestativo, estando sempre pronto para ajudar a todos, principalmente quem mais necessita. Não é uma pessoa invejosa, mas se alegra com o sucesso do outro. Ri com o outro e não do outro. Não é uma pessoa que vive ostentando riquezas, títulos ou qualquer outro bem deste mundo, mas sabe ser humilde, mesmo que tenha muitos dons e qualidades. Sendo rica, não se apega a sua riqueza; sendo pobre, não faz de sua pobreza um motivo que a inferiorize perante os demais. Tendo posses, cargos ou qualquer outro bem, não se incha de orgulho. Tem bom senso, sabe discernir as coisas e as situações, não sendo nunca uma pessoa inconveniente. Tem a palavra e a atitude certa na hora certa. Quem tem a virtude da caridade não procura seu próprio interesse, mas está sempre pronto a satisfazer as necessidades do outro. Mesmo diante das dificuldades, dos desafios, das inúmeras coisas que a entristece, não se irrita, não guarda rancor dos que o magoam. Sofre com as injustiças e não mede esforços para ver a justiça acontecer. Assim sendo, não se alegra com a injustiça, mas se regozija com a verdade. A vida à sua volta está sempre em paz porque ela tudo desculpa. Acredita que a paz é fruto da justiça e crê no seu semelhante, suportando com resignação a tudo, numa espera confiante de que o bem sempre vence o mal.

A caridade não é uma coisa passageira. A pessoa possuidora dessa virtude sabe que ela o acompanhará para sempre. Tudo passa, mas a caridade e os seus frutos jamais passarão. É algo permanente. As coisas que a maioria das pessoas considera importantes e até eternas elas sabem que são passageiras, como são passageiras as profecias, as previsões, as línguas ou qualquer falatório. Até mesmo as ciências, com seus resultados tidos como sólidos, um dia desaparecerão e outras coisas ocuparão o seu lugar. A compreensão de quem tem a virtude da caridade é tão aguçada que ela sabe que qualquer conhecimento é limitado, por mais renomado que seja, como também são limitadas as previsões, as profecias ou qualquer outra forma de conhecimento que se queira ter do futuro. Tudo passa, diz o apóstolo Paulo, apenas as três virtudes teologais permanecem: a fé, a esperança e a caridade. A maior delas é a caridade (cf. 1Cor 13,13), porque sem ela não há fé que seja verdadeira e não há esperança que resista.

A caridade é superior a todas as demais virtudes. Tratamos dela aqui em terceiro lugar, mas ela é a primeira das três virtudes teologais. Todas as outras dependem dela porque ela é o "vínculo da perfeição" (Cl 3,14). A função dessa virtude tão importante é articular e ordenar entre si todas as demais. O Catecismo da Igreja afirma que "a caridade assegura e purifica nossa capacidade humana de amar, elevando-a à perfeição sobrenatural do amor divino" (CIC, 1827).

Por fim, a prática da caridade resulta em alegria, em paz e em verdadeira misericórdia. Sentimentos, condições e atos que brotam do coração. Como bem expressa o Catecismo da Igreja: a caridade "exige a benevolência e a correção fraterna; é benevolência; suscita a reciprocidade; é desinteressada e liberal; é amizade e comunhão" (CIC, 1829). São sinais fáceis de serem identificados.

4. Prudência

Prudência é uma virtude cardeal, isto é, uma virtude adquirida pelos nossos esforços. É a virtude que faz prever as situações e procura evitar as inconveniências e os perigos. Assim, prudência é o mesmo que cautela, precaução. Quem é prudente sabe manter-se calmo, pondera as coisas antes de falar ou agir, é sensato e tem paciência ao tratar de assuntos delicados e difíceis. A pessoa prudente é uma pessoa sábia, porque prudência e sabedoria andam lado a lado. Todo sábio é prudente. Vemos isso na passagem em que Jesus, na sua infinita sabedoria, envia os seus discípulos e os recomenda a serem "prudentes como as serpentes e simples como as pombas" (Mt 10,16). Os perigos que nos cercam são inúmeros, por isso, todo cuidado é pouco. A pessoa prudente consegue evitar muitos embaraços e situações difíceis e sabe lidar com todas elas com maturidade e equilíbrio.

De acordo com o Catecismo da Igreja, "a prudência é a virtude que dispõe a razão prática a discernir em qualquer circunstância nosso verdadeiro bem e a escolher os meios adequados a realizá-lo" (CIC, 1806). Foi o que ocorreu na parábola das dez virgens (Mt 24,1-13), em que cinco estavam preparadas, com suas lâmpadas abastecidas com azeite, e as outras cinco, não. As que providenciaram azeite suficiente para toda a vigília eram prudentes e as que não se preocuparam com isso eram imprudentes. As prudentes, quando o noivo chegou, puderam participar do banquete nupcial que lhes fora preparado. As imprudentes ficaram sem o azeite, sem o banquete e sem o noivo. Nisso vemos o quanto a prudência é importante. Ela pode ser decisiva na nossa vida ajudando a concretizar oportunidades e a consolidar projetos, como vemos em outras passagens bíblicas. Vejamos a do homem prudente que construiu a sua casa sobre a rocha e a do homem imprudente que construiu a casa sobre a areia (Mt 7,24-27). É importante observar que as parábolas bíblicas com esta temática estão sempre contrapondo situações opostas, isto é, situações de prudência e imprudência. Essa contraposição serve para exaltar a importância de sermos prudentes.

No caso da parábola supracitada, o homem prudente, antes de construir sua casa pensou naquilo que é fundamental para a solidez da construção: o alicerce. Só depois de planejar e escolher a base, uma grande rocha, é que a casa foi erguida. O outro era imprudente, diz o texto, e talvez pelo fato de o alicerce não ser algo visível, achou que não era importante e não se preocupou com ele. Construiu a casa sobre a areia. Perdeu tempo, dinheiro e poderia ter perdido até a vida. Na primeira chuva a casa foi por água abaixo. Não são somente as coisas visíveis que têm importância na nossa vida. Há coisas ocultas que fazem toda a diferença. Um casal que não tem sua união alicerçada no amor é como a casa construída sobre a areia. Na primeira dificuldade separam-se porque não existe o essencial entre eles. É prudente o casal que antes de se casar avalia se existe entre eles um amor verdadeiro. No caso do homem imprudente da parábola, àquilo que ficaria oculto foi julgado sem importância, porém era o elemento fundamental para a resistência da sua casa. Ser prudente é saber discernir o que é importante, fundamental, daquilo que não tem importância. É saber distinguir o relevante do irrelevante. Quantas decisões erradas tomamos na vida por não termos tais discernimentos? Por faltar a virtude da prudência. Mais uma vez se comprova que a sabedoria é, de fato, uma grande aliada da prudência. O homem prudente da parábola agiu com sabedoria, enquanto o imprudente agiu com ignorância, e a sua ruína foi completa.

A parábola dos talentos (Mt 25,14-30) é uma outra parábola que expõe com sabedoria a prudência que se deve ter na administração da vida. Não importam quais e quantos são os nossos dons e talentos, o que importa é como os administramos. As pessoas prudentes são, geralmente, boas administradoras, enquanto que as imprudentes correm mais riscos, erram mais na forma de administrar e, consequentemente, sofrem mais prejuízos e com mais frequência. Na parábola dos talentos, três empregados recebem talentos para serem administrados na ausência do seu patrão. Um recebe cinco, outro três e outro um. Os dois primeiros foram prudentes e tiveram a esperteza de multiplicar o que receberam. Na volta do patrão foram elogiados, tidos como bons e fiéis e receberam muito mais. Ganharam a confiança do patrão porque, além de bons e fiéis, foram sábios e prudentes. O terceiro agiu com imprudência. Enterrou o dom recebido e não o multiplicou. Devolveu para o patrão a mesma coisa. Foi chamado de servo mal e preguiçoso, perdeu o pouco que tinha e foi excluído. Nesse caso, a imprudência lhe custou a vida. Em muitas situações a imprudência pode custar a vida. É o que ocorre no trânsito. O motorista prudente corre menor risco, enquanto o imprudente tem maior chance de sofrer um acidente e até perder a vida. Desse modo, vemos o quanto a prudência é decisiva em nossa vida. É uma virtude valiosa porque nos preserva de muitos perigos e garante uma vida mais segura.

Ao falar da prudência, Santo Tomás a vê como a reta razão do nosso agir. Este agir é um ato interno ao próprio agente, mas para ser prudente deve ser inteligível, racional, isto é, sábio. A pessoa prudente age com sagacidade, tendo, portanto, discernimento de todos os seus atos. O livro dos Provérbios (14,15) afirma que "o homem sagaz discerne os seus passos". Ser prudente é pensar antes de falar e agir. A probabilidade de dizer a palavra certa na hora certa e obter bons resultados na ação é muito maior quando se pensa no que se vai dizer e premedita as ações. A primeira carta de Pedro (4,7) fala que a pessoa prudente é aquela que leva uma vida de autodomínio e sobriedade. Ter autodomínio e equilíbrio em tudo o que se faz são características que revelam a prudência. A prudência é a "regra certa da ação", afirma Santo Tomás citando Aristóteles (CIC, 1806).

É importante não confundir prudência com insegurança, timidez ou medo. Prudência é lucidez. É aquela virtude que indica a regra e a medida certa das coisas. O Catecismo da Igreja (n. 1806) afirma que é a prudência que guia imediatamente o juízo da consciência e que o homem prudente decide e ordena sua conduta seguindo este juízo. Enfim, quem age com prudência dificilmente erra ou erra menos. Ser prudente é calcular bem antes de agir. O atleta ou qualquer competidor profissional, antes de atuar numa competição, ensaia e calcula bem todas as suas ações, eliminando assim as possibilidades de erro. Na vida, como numa competição, os erros podem desclassificar. Por isso, é importante, antes de tudo, pensar e repensar sobre todas as coisas que vamos fazer, principalmente quando se trata das coisas importantes da nossa vida. O homem verdadeiramente prudente não diz tudo quanto pensa, mas pensa tudo quanto diz, afirma o armador grego Aristóteles Onassis. Sabe-se que, mesmo pensando e planejando, as coisas podem não dar certo, pode-se errar ou se equivocar, mas isso não diminui o mérito de parar para pensar quando algo não está indo bem. Quando as coisas não dão certo, não devemos querer simplesmente encontrar um culpado porque tal atitude não resolverá o problema, não consertará o erro. É preciso retomar as ações e rever onde foi que se errou, e procurar corrigir de forma madura e equilibrada. A pessoa prudente faz o que pode e sabe o que pode fazer, sabe quais são as coisas importantes, porém não possíveis de se realizar apenas por suas forças, e busca a ajuda de outros. Sabe escolher as pessoas certas para ajudar-lhe nessa empreitada. Napoleão Bonaparte dizia que a arte de vencer é a arte de ser ora audacioso, ora prudente, e Arthur Schopenhauer afirmava que a ousadia é, depois da prudência, uma condição especial da nossa felicidade. Porém, há coisas que não são possíveis mesmo com a ajuda de outros. Nesse caso, quem tem fé coloca-as nas mãos de Deus. Se for da sua vontade, na hora certa e no momento certo, elas se concretizarão.

Ser prudente é ser humilde, é ser crítico em relação a si e aos outros. Baltasar Gracián (1601-1658), jesuíta espanhol, dizia que "o homem prudente faz do ódio de seus inimigos um espelho, onde vê uma imagem mais fiel do que no espelho do afeto. É assim que ele diminui e corrige seus próprios defeitos". Waly Salomão, poeta brasileiro, tem alguns provérbios sobre a prudência que nos ensinam a agir no dia-a-dia sob o efeito dessa virtude. Quem é que nunca ofendeu ninguém, foi ou se sentiu ofendido? A ofensa é algo desagradável, porém acontece constantemente, às vezes sem intenção de ofender. Como agir com prudência diante dessas situações? Diz ele que é preciso agir com sabedoria, e o sábio contorna esses episódios desagradáveis, porém corriqueiros, sem maiores alardes. Diz: "quando o tolo é ofendido, logo todos ficam sabendo, mas o prudente finge que não foi insultado". Nesse caso, prudência não é dissimulação, mas evitar que um mal se espalhe ainda mais. E diz ainda: "a pessoa prudente esconde a sua sabedoria, mas os tolos anunciam a própria ignorância".

Enfim, prudência e sabedoria são virtudes e dons que mantêm um estreito laço, quase um parentesco. Tanto é que Victor Hugo dizia que a prudência é a filha mais velha da sabedoria e Maquiavel dizia que os homens prudentes sabem tirar proveito de todas as suas ações, mesmo daquelas a que são obrigados pela necessidade. Assim, a pessoa prudente aproveita a sua experiência, enquanto a sábia aproveita a experiência dos outros, dizia John Collins. Porém, quando o prudente é também sábio ou o sábio é prudente, aproveita ambas as experiências e, assim, a probabilidade de acerto é bem maior.

5. Justiça

A justiça, além de uma virtude cardeal, é uma virtude moral. Consiste, em primeiro lugar, na vontade constante e firme de dar a Deus e ao próximo o que lhes é devido (CIC, 1807). Jesus, no Sermão da Montanha, falou sobre essa virtude de forma clara e concisa: Bem-aventurados os que têm fome e sede de justiça, porque serão saciados (Mt 5,6). A paz e a felicidade verdadeira só serão possíveis mediante a prática e a implantação da justiça. Ter fome e sede de justiça significa não sossegar enquanto não ver a justiça acontecendo. Isso quer dizer que, num mundo de tantas injustiças, quem diz ter verdadeira paz ou ser plenamente feliz demonstra a carência dessa virtude moral ou desconhecimento da realidade. O fruto da justiça será paz, afirma o profeta Isaías (32,17). Se não houver justiça, a paz não será verdadeira. Não é possível viver em paz quando irmãos nossos, às vezes bem perto de nós, sofrem as consequências da injustiça, como o desemprego, a miséria, a fome e as inúmeras carências (moradia, saúde, educação etc.); quando a marginalidade coloca as pessoas em situação de risco e a violência, a corrupção e o dinheiro de alguns se sobrepõem às leis e aos direitos da maioria; quando o abismo que separa ricos e pobres se amplia a cada ano, criando bolsões de miséria em todo canto do mundo. A paz nessas circunstâncias não é verdadeira, mas resultado da alienação. Isaías afirma que "o trabalho da justiça resultará em tranquilidade e segurança permanente" (Is 32,17). Não é possível ter verdadeira tranquilidade e segurança diante de injustiças. O sonho de Isaías era de que seu povo pudesse habitar em um lugar pacífico, em uma residência segura, em uma habitação tranquila. Esse deve ser o sonho de todos nós, mas ele só será realidade se houver justiça. Enquanto apenas alguns estiverem habitando em residências seguras, em seus condomínios fechados, em suas residências tranquilas, longe de enchentes, deslizamentos de terra e violência, em lugares supostamente pacíficos, e a grande maioria habitar de modo vulnerável, correndo risco de vida, a paz não será real. Pode haver uma suposta paz na consciência daqueles que desconhecem ou ignoram o sofrimento alheio, mas não vai haver paz na consciência dos que conhecem essa realidade.

Pode-se até afirmar que, diante dessa realidade, a paz é uma utopia. O fim dessas desigualdades não será de todo possível. A justiça plena nunca será uma realidade, pois desde que a humanidade foi criada houve desigualdade e sofrimento entre as pessoas, e o próprio Jesus afirmou que pobres sempre teremos entre nós (Mt 26,11). A contestação a essas afirmações conformistas está no próprio texto de Isaías supracitado. O fato de sempre ter existido tais situações não justifica o comodismo, a alienação ou o individualismo na busca pela paz. O que importa mesmo é lutar sempre pela justiça, mesmo quando os resultados não sejam tão animadores. "Mesmo que o bosque seja cortado e a cidade seja arrasada" (Is 32,19), não deixaremos de sonhar, de trabalhar pela justiça, de semear, de construir novas casas e novos sonhos. Felicidade, segundo Isaías, é "semear à beira dos riachos", mesmo que os desmatamentos continuem avançando a passos largos. Parar de semear porque diversos fatores e situações destroem a natureza não resolve o problema ecológico. Parar de construir porque a casa lhe foi roubada ou destruída não resolve o problema da habitação. Deixar de sonhar porque alguns sonhos não se realizaram não nos isenta de pesadelos. O gesto de semear com persistência é um modo de protestar contra aqueles que, além de não semearem, destroem aquilo que outros semeiam. É um modo de clamar por justiça. Continuar construindo, apesar das constantes destruições, é sinal de perseverança. Continuar sonhando, apesar dos pesadelos, é esperança. Isso é ter em nós a virtude da justiça. Quem tem a virtude da justiça não se cansa, mesmo que as derrotas sejam bem maiores que as vitórias.

Justiça, como virtude, é respeitar os direitos de cada um e estabelecer nas relações humanas a harmonia que promove a equidade em prol das pessoas e do bem comum (CIC, 1807). Como é uma pessoa justa? Quais são as características que a acompanha? Como podemos saber se estamos sendo justos ou não? As Sagradas Escrituras nos dão as respostas a essas indagações e nos mostram vários modelos de pessoa justa. "O homem justo, muitas vezes mencionado nas Sagradas Escrituras, distingue-se pela correção habitual de seus pensamentos e pela retidão de sua conduta para com o próximo", diz o Catecismo da Igreja (n. 1807). Assim, o primeiro passo para saber se somos justos é ver se temos facilidades para corrigir nossos pensamentos. Nem sempre as coisas que imaginamos serem corretas são de fato corretas. Equivocar-se é humano, o que não é justo é querer permanecer com pensamentos equivocados. Vejamos o exemplo de um homem tido como justo nas Sagradas Escrituras: José. Diz o texto que "Maria estava prometida em casamento a José e antes de viverem juntos ela ficou grávida pela ação do Espírito Santo. José, seu marido, era justo. Não queria denunciar Maria e pensava em deixá-la sem ninguém saber" (Mt 1,18). O fato de José ser humano, seus pensamentos eram como os de qualquer homem que se sente traído: abandonar a mulher. Porém era justo, dotado da virtude da justiça e, assim sendo, não queria denunciá-la, expô-la, humilhá-la. Pensou, então, que a melhor forma seria abandoná-la em segredo. Foi quando entrou em ação o anjo e avisa-lhe que as coisas não são como ele está imaginando. Por ser justo, muda seu pensamento, muda a forma de ver a situação, volta atrás nos seus planos e recebe Maria como sua esposa. Temos, aqui, um típico caso de alguém que age pela virtude da justiça. Mudar de ideia quando se percebe que se está equivocado não é uma atitude de quem é vulnerável, sem personalidade, mas de quem é justo.

Através da conduta para com o próximo se percebe uma pessoa justa. Ser imparcial no julgamento das coisas sem buscar favorecer ninguém, a não ser a justiça, é característica do justo. No livro do Levítico, encontramos uma típica expressão do comportamento do justo. Ele não favorece o pobre, nem prestigia o poderoso, mas julga o próximo conforme a justiça (Lv 19,15). Parece polêmica essa expressão, porque nosso sentimento de justiça é, muitas vezes, a de que o pobre deve ser sempre favorecido, não importando se ele está ou não com a razão. Porém, a justiça não tem classe social, sexo, raça ou religião. Ela deve estar a favor dos que estão com a razão, dos que estão certos, dos que estão de acordo com o direito, por mais áridas que possam parecer as situações. Isaías diz que no deserto habitará o direito, e a justiça habitará no jardim (Is 32,16). Então o deserto se tornará um jardim, e o jardim será considerado um bosque (Is 32,15b).

Injusto é explorar o pobre, o trabalhador, o servo, privando-lhes de seus direitos. A carta aos Colossenses afirma: "Senhores, dai aos vossos servos o justo e equitável, sabendo que vós tendes um Senhor no céu" (Cl 4,1). Se, como patrões ou empregadores, tratamos os nossos empregados de modo injusto, não lhes dando o que lhes é de direito, Deus, como nosso Senhor, poderá tratar-nos da mesma forma. Não é isso que pedimos quando rezamos a oração do Pai-nosso: "perdoai as nossas ofensas, assim como nós perdoamos a quem nos tem ofendido". Se queremos o perdão de Deus, devemos também dar o perdão ao nosso próximo. Se queremos a justiça de Deus, devemos ser justos para com nossos irmãos. Essa é uma concepção teológica de justiça, em que as relações se pautam em valores transcendentes, valores que estão além do horizonte de nossa visão, mas que determinam relações aqui e agora.

Na filosofia e no direito a justiça ganha outras concepções. Distintas, porém vinculadas à virtude. Principalmente quando se trata da ética, do direito, da lei. Aristóteles, no Livro V da obra *Ética a Nicômaco*, dedica a maior parte de sua reflexão à virtude da justiça relacionada com a lei. Ele aponta nessa obra diferentes usos, na língua grega, dessa palavra e seus derivados. Por exemplo, a palavra *injusto* é usada para referir quem transgride a lei, quem quer mais do que é devido e quem é iníquo, enquanto que *justo* é quem observa a lei e respeita a igualdade. Nesse caso, justiça é respeitar a lei e a igualdade, e a injustiça é o oposto, isto é, transgredir e desrespeitar a lei e a igualdade de direitos. Como vemos, não são idênticos os sentidos com que se usa a palavra "justiça" como respeito à lei e à igualdade. Isso deve ficar sempre claro quando se tratar das relações entre a lei e a justiça, como é o caso de Aristóteles, mas é importante assinalar que elas mantêm um estreito vínculo. Assim, o conceito de justo e injusto está determinado pelo horizonte da relação entre as pessoas. Relação esta sempre mediada pelos bens exteriores. Trata-se, sobretudo, da repartição dos bens, cujo resultado poderá ser o êxito ou o fracasso dos interlocutores. Já a justiça, como virtude do desejar adequadamente, é excelência da pessoa que quer apenas a parte que lhe corresponde, enquanto o injusto quer também a parte que não lhe pertence, principalmente se esta parte for boa.

Enfim, não obstante as diversas significações de justiça que se encontram no campo da filosofia, duas características são fundamentais: uma subjetiva e outra objetiva. A subjetiva está quando dizemos: "aquele sujeito é justo". Trata-se, aqui, de afirmação que revela a justiça como uma qualidade da pessoa, como virtude ou perfeição subjetiva. Nessa acepção, a justiça se aproxima da noção de virtude humana. Na verdade, ela está relacionada com um conjunto de virtudes, como, por exemplo, a prudência, a temperança, a coragem entre outras. Em outros momentos, a justiça é empregada para designar uma qualidade da ordem social, especialmente quando se trata de considerar uma lei ou instituição como justas. Trata-se de uma acepção objetiva da justiça. No primeiro caso, restringe-se à atividade pessoal. A justiça é vista como uma qualidade subjetiva do indivíduo, uma virtude exercida pela vontade. No segundo, há outras preocupações, isto é, preocupa-se com a ordem social objetiva. Nesse prisma, enxerga-se a justiça como uma exigência da vida social. Trata-se de um princípio superior da ordem social.

Vemos, assim, que a justiça é um dos fundamentos da vida social. Não é possível viver com dignidade numa sociedade onde não haja justiça. A justiça, para ser completa, há que vir aliada de uma outra virtude que veremos a seguir, a caridade. Justiça e caridade são fundamentos morais de qualquer vida social. São virtudes que regem diretamente as relações humanas. Elas são essenciais para a solução dos problemas sociais. Temos, no âmbito social, algumas variantes ou desdobramentos da justiça. Apontamos aqui três deles: justiça *comunicativa*; *distributiva*; *geral*, que poder ser vista também como *legal* ou *social*. A justiça *comutativa* é aquela que determina os direitos dos indivíduos e dos grupos entre si. Sua transgressão obriga à restituição ou indenização. É condição de toda a ordem social.

125

Salário justo, preços razoáveis, contratos e juros honestos, por exemplo, evitam muitos conflitos sociais. A justiça *distributiva* rege as relações entre as autoridades e os súditos, repartindo equitativamente entre estes ônus e benefícios da vida em comum, de acordo com os méritos e as capacidades. A aplicação da renda nacional de maneira a beneficiar todos os grupos, a adaptação entre a escala de preços e salários e tantos outros problemas esperam uma solução inspirada nas normas da justiça distributiva. A justiça *geral, legal ou social* é a que exige de todos e cada um tudo o que é necessário para o *bem* co*mum*, como se vê na concepção de Aristóteles. Essa virtude libera o homem do círculo estreito dos seus interesses pessoais para dedicar-se ao serviço da comunidade a que pertence em razão de sua *natureza social.*

Para finalizar a reflexão sobre a virtude da justiça, lembremos do texto do livro da Sabedoria (8,7): "ama alguém a justiça? As virtudes são seus frutos; ela ensina a temperança e a prudência, a justiça e a fortaleza". A justiça e a fortaleza possibilitam os bens mais preciosos que alguém pode ter na vida, que são as demais virtudes, afirma o mesmo texto. Veremos, a seguir, sobre a fortaleza e o que ela nos proporciona.

6. Fortaleza

Na primeira parte deste livro tivemos oportunidade de refletir sobre a fortaleza como dom, agora vamos refleti-la como virtude. Virtude cardeal e moral. Virtude da qual se desdobram outras virtudes, bens mais preciosos que podemos obter na vida (Sb 8,7).

A virtude da fortaleza nos dá segurança nas dificuldades, firmeza e constância na procura do bem, afirma o Catecismo da Igreja (n. 1808). Quem exercita essa virtude em sua vida consegue atravessar os momentos difíceis porque, apesar da situação de vulnerabilidade que as dificuldades nos colocam, encontramos dentro de nós uma força inexplicável que não nos deixa abater pela dificuldade. Ser firme é uma estratégia que muito ajuda nessas situações e é essa firmeza que não nos deixa esmorecer na busca do bem. Sabemos que o bem não é algo fácil de se atingir, há muitos obstáculos, muitas pessoas e situações que tentam desviar-nos do caminho do bem. Nessas ocasiões, ser firme e constante é fundamental. O bem não é algo que se busque apenas em alguns momentos de nossa vida. Tem de ser a meta principal. Por isso, todo empenho é necessário.

Sobre o bem ou discernimento do que é bom, Antônio Orozco firma que o bem – o que é bom – é assim porque contém alguma perfeição que o torna apetecível, desejável. Lembra, ainda, que Aristóteles dizia que "o bem é algo que todos desejam". Mesmo desejando o bem é comum não saber discernir o que, de fato, é bom. Daí surge a necessidade de se fazer uso de outras virtudes ou dons, como a sabedoria, o entendimento, o conselho, a ciência e outras mais. Não obstante a tudo isso, pode-se perguntar: mas por que todos nós desejamos o bem? Diz Orozco que desejamos o bem porque vemos nele algo que nos beneficia, algo que "nos faz bem", que nos aperfeiçoa, que nos melhora, que satisfaz as nossas necessidades, que nos faz mais felizes. Cabe, então, dizer que o bem é uma perfeição que me aperfeiçoa, afirma Orozco.

Mas se o bem é aquilo que é bom para mim, não seria ele algo relativo? Sobre a "relatividade" do bem Orozco afirma que se deve notar que nem tudo aquilo que aperfeiçoa um determinado sujeito aperfeiçoa igualmente todos os outros. Ele cita o seguinte exemplo: o adubo animal serve como nutriente para as plantas, mas não para os homens. A alfafa é boa, saborosa e sadia, mas para as vacas, não para nós, portanto, é claro que o bem é algo relativo. É relativo a um sujeito ou a um determinado grupo de sujeitos, mais ou menos numeroso. Afirma Orozco que essa "relatividade" do bem levou muitos a pensar que o bem não é algo "objetivo", isto é, que o bem não está fixo independentemente do meu pensamento. É claro que existem bens e valores objetivos. A "relatividade" do bem não significa que o bem é bom porque a minha vontade assim o deseja, mas que a minha vontade deseja o bem porque ele é bom. Pensar que todo bem é simples ou unicamente relativo poderia levar cada um a considerar como sendo bom "aquilo que lhe pareça". Assim, cada qual seria livre para considerar boa uma coisa ou a coisa oposta, decidindo por conta própria sobre o bem e o mal. Cada um seria – afirma-se – um "criador de valores", já que a bondade das coisas não estaria nelas mesmas, mas na minha subjetividade, no meu pensamento, nos meus desejos ou opiniões. Esse é um grave erro no qual muitos incorrem, mas esse erro não é novo. É tão velho quanto a humanidade. Adão e Eva não quiseram reconhecer que o bem estava onde Deus o tinha posto, pretendendo encontrá-lo onde eles, com sua má vontade, queriam que estivesse, diz Orozco. Agindo de acordo com a consciência subjetiva do bem, eles colocaram a perder o bem verdadeiro, contido na ideia do paraíso. As consequências dessa ação imprudente foram, além da perda do paraíso, a vergonha e o medo. Sentimentos paralisantes que impedem ou dificultam a busca do bem.

O medo é um sentimento que atinge qualquer pessoa. Dependendo de sua intensidade, ele nos imobiliza, paralisa nossas iniciativas. A virtude da fortaleza nos torna capazes de vencer o medo, inclusive o medo da morte, afirma o Catecismo (n. 1808), além de ajudar a suportar as provações e as perseguições, dando-nos coragem para agir com desenvoltura, mesmo que as ciladas sejam tentadoras. Vemos um exemplo supremo da virtude da fortaleza na atitude de Jesus quando o Espírito o conduziu ao deserto para ser tentado pelo diabo (Mt 4,1-11). Numa situação de suposta "fraqueza", pois havia jejuado durante quarenta dias e quarenta noites, recebe propostas tentadoras: diante da fome, a proposta de conseguir alimento com facilidade, transformando pedra em pão. Diante de um suposto "abandono", tentar e testar Deus, fonte de sua fortaleza, jogando-se da parte mais alta do templo. Diante de uma situação de despojamento e "pobreza" a proposta de muitas posses, de ter todos os reinos do mundo e suas riquezas. Quem é que, numa situação de fragilidade, não se vê "tentado" a cair em tais propostas? Só mesmo sendo muito forte, sendo possuidor da virtude da fortaleza para não cair em tentações. Às vezes nem é preciso que a proposta seja tão tentadora. Basta que estejamos enfraquecidos para que nos deixemos levar por algo que, aparentemente, é bom ou que prometa suprir nossas carências. É assim que muitos aceitam propostas que não têm o bem como finalidade. Vale lembrar aqui, mais uma vez, a oração do Pai-nosso, na qual pedimos: "não nos deixeis cair em tentação, mas livra-nos do mal". É um pedido a Deus que vivifique em nós a virtude da fortaleza.

Vimos, no início desta reflexão, a estreiteza entre esta virtude e a virtude da justiça. Desse modo, a virtude da fortaleza é a virtude que nos dispõe a aceitar até a renúncia e o sacrifício da própria vida para defender uma causa justa, diz o Catecismo da Igreja (n. 1808). Quem é possuidor dessa virtude sabe fazer renúncias, desde aquelas que aparecem no cotidiano de nossa vida, tida como menores, até as grandes renúncias, como a renúncia da própria vida em nome de uma causa maior. Um exemplo encontra-se na passagem em que Jesus diz a multidão: "se alguém vem a mim, e não dá preferência mais a mim que ao seu pai, à sua mãe, à mulher, aos filhos, aos irmãos, às irmãs e até mesmo à sua própria vida, esse não pode ser meu discípulo" (Lc 14,26). A virtude da fortaleza nos capacita a fazer todo tipo de renúncia, desde que o fim seja um bem supremo. Nesse caso, o bem supremo é Jesus, caminho, verdade e vida. Foi isso que percebeu Simão Pedro e seus companheiros quando Jesus lhes pediu que não tivessem medo, porque, daquele dia em diante, iria fazer deles pescadores de homens. E eles, dotados da virtude da fortaleza, deixaram tudo e seguiram Jesus (Lc 5,10b-11). Só alguém que é, verdadeiramente, possuidor dessa importante virtude é capaz de decisão tão radical.

A renúncia, fruto da virtude da fortaleza, pode manifestar-se a qualquer momento, mas nas situações de profundas descobertas elas afloram com mais radicalidade. Quantos não foram os que conseguiram renunciar coisas tidas como importantes nas suas vidas por causa de um sonho, um projeto, uma descoberta, um grande amor, ou por causa de conversão? Na vida dos santos são muitas as histórias de renúncias que encontramos. A de São Francisco de Assis talvez seja a mais conhecida, porém todo santo tem na sua biografia uma história de renúncias. A renúncia é um dos critérios tido como fundamental para o processo de santidade. Quem não consegue fazer renúncias não só não está no caminho da santidade, como também dificilmente entrará no reino de Deus. Vemos isso com muita clareza na parábola do jovem rico que queria seguir Jesus, mas não estava disposto a partilhar seus bens com os pobres. Ele se achava perfeito para o seguimento, porque cumpria com todos os preceitos religiosos, porém, quando Jesus lhe disse: "se você quer ser perfeito, vá, venda tudo o que tem, dê o dinheiro aos pobres, e você terá um tesouro no céu. Depois venha e siga-me" (Mt 19,21). O texto diz que "quando ouviu isso, o jovem foi embora cheio de tristeza porque era muito rico" e não estava disposto a renunciar seus bens para seguir Jesus. Faltou-lhe a virtude da fortaleza para que pudesse fazer tal renúncia. Foi então que Jesus afirmou que "um rico dificilmente entrará no Reino do Céu" (Mt 19,23). E disse mais: "é mais fácil um camelo entrar pelo buraco de uma agulha, do que um rico entrar no Reino do Céu" (idem). Não que isso seja impossível, mas é muito difícil um rico conseguir fazer renúncias, e a renúncia, como dissemos, é critério primordial para entrar no Reino. Se o jovem tivesse tido a virtude da fortaleza, ele conseguiria renunciar seus bens.

Enfim, a fortaleza, como virtude, embora seja algo humano, vem de Deus. É ele quem nos encoraja, quem nos torna fortes mesmo quando somos fracos. Paulo usou bem esse jogo de palavras opostas para mostrar o quanto Deus lhe fortalecia na fraqueza. Dizia diante das fraquezas e humilhações que sofria: "pois quando sou fraco, então é que sou forte" (2Cor 12,10b). É algo misterioso a coragem que nos fortalece nos momentos de dificuldade. São diversas as ocasiões na Bíblia em que Deus pede que não se tenha medo, pois ele não desampara ninguém, mesmo que a situação de adversidade pareça bem maior do que nós. Vemos esse encorajamento no anúncio do Anjo a Maria: "não tenha medo Maria, porque você encontrou graça diante de Deus" (Lc 1,30). Também no anúncio do Anjo a José, o pedido é para que ele não tenha medo diante da dúvida, basta confiar: "José, filho de Davi, não tenha medo de receber Maria como sua esposa, porque ela concebeu pela ação do Espírito Santo" (Mt 1,20b). No Antigo Testamento, Eliseu, agindo pela virtude da fortaleza, encoraja seu servo a não temer diante do exército que cercava a cidade. Disse: "não tenha medo. Os que estão conosco são mais numerosos que eles" (2Rs 6,16). Em Isaías (41,10), Deus diz: "não tenha medo, pois eu estou com você (...). Eu fortaleço você, eu o ajudo e o sustento com minha direita vitoriosa". Nada mais encorajador do que isso! Saber que Deus está conosco, que nos fortalece, que nos ajuda e que nos sustenta. Não há razão para temer. Qualquer um que nisso confiar, sentir-se-á fortalecido. É Dele que vem a virtude da fortaleza. É ele quem nos torna firmes como a rocha, apesar das nossas fraquezas.

7. Temperança

Temperança é a qualidade ou virtude de quem é moderado, comedido, diz o dicionário Houaiss (2001, p. 2690). É a virtude moral que modera a atração pelos prazeres e procura o equilíbrio no uso dos bens criados, afirma o Catecismo da Igreja (1809). É algo sintonizado com o intelecto, a razão, que nos dá medida certa nas nossas ações. Assegura o domínio da vontade sobre os instintos e mantém os desejos dentro dos limites da honestidade (CIC, 1809). É a virtude que nos faz distintos dos animais, fazendo com que administremos bem os nossos sentimentos, nossas vontades, colocando cada coisa no seu devido lugar. Para entender melhor como funciona a temperança, basta entender como funciona o seu oposto, o instinto.

Instinto é um impulso interior que faz um animal executar inconscientemente atos adequados às necessidades de sobrevivência própria, da sua espécie ou da sua prole, como, por exemplo, comer na hora que tem apetite, copulação na hora que vem a vontade e outras necessidades biológicas e fisiológicas no momento em que elas se manifestam no seu organismo. Nós também temos todas essas necessidades e também outras criadas pela sociedade. A diferença fundamental é que sabemos, ou pelo menos deveríamos saber, colocar cada coisa no seu devido lugar, na hora certa e no momento certo, de acordo com nossas convenções culturais, nossas regras de civilização. Administramos essas necessidades de modo que elas sejam vividas de modo equilibrado, temperado, isto é, que guarda sobriedade, austeridade, manifestando de modo atenuado os desejos inerentes à nossa espécie. Daí a palavra temperança. Aquilo que dá o tom, estabilidade, autocontrole ou autodomínio da situação. A virtude da temperança nos faz viver de modo harmonioso conosco mesmo e com os outros, possibilitando um convívio social pacífico e equilibrado. É a virtude que coloca nossa vida no prumo, dando a proporção certa para cada coisa.

Pessoas que fazem uso adequado da virtude da temperança são pessoas comedidas, discretas, que sabem dosar as coisas, deixando a vida no ponto certo, isto, temperada. Ela sabe a proporcionalidade dos sentimentos e os vive de modo adequado. Desse modo, "a pessoa temperante orienta para o bem seus apetites sensíveis, guarda uma santa discrição e 'não se deixa levar pelas paixões do coração'" (CIC, 1809). Vemos, assim, o quanto essa virtude é importante na nossa vida. A verdadeira felicidade depende dela. Quem não faz uso dessa virtude leva uma vida desenfreada, sem controle, tornado-se portanto pessoas angustiadas e infelizes. Boa parte dos sofrimentos humanos deriva da ausência dessa virtude.

Por se tratar de uma virtude cardeal e moral é passível de ser adquirida. Não necessariamente nascemos como ela, como acontece com as virtudes teologais que são dadas por Deus e nós a desenvolvemos ao longo de nossa vida. Desse modo, é preciso que haja uma educação, um treinamento para exercer essa virtude. Porém, a educação ou o treinamento não dependem apenas da escola, mas sim de todo um complexo social de instituições que se interagem, como a família, a religião, o meio social etc. Todos esses fatores vão ajudar a formar em nós essa nobre virtude. Embora os fatores genéticos contribuam para a formação do temperamento de cada um, a temperança não depende exclusivamente dele. A nossa boa vontade, aliada aos recursos da sociedade conta muito. Isso porque a temperança está associada a sentimentos humanos.

Um dos sentimentos que mais se evidencia ao falar de temperança é a paixão. Isso porque a paixão é aquele sentimento que mais desafia a temperança. Não estamos falando da Paixão enquanto sofrimento de Cristo na cruz, mas daquele sentimento humano intenso, confundido com amor, que ofusca a razão. Um sentimento que desperta um grande entusiasmo por alguma coisa, atividade ou pessoa, a ponto de fazer dela o centro de tudo, deixando-se dominar por ela. A pessoa movida pela paixão não tem controle de seus atos, agindo sempre em função do objeto de sua paixão. É uma espécie de fanatismo, onde os limites da razão são superados. Encontramos também esse tipo de comportamento em torcedores de futebol ou de qualquer outro esporte em que há rivalidades. O torcedor fanático desconhece a virtude da temperança e age de modo irracional, manifestando de modo exacerbado sua paixão pela equipe do seu coração. Através desses exemplos opostos, pode-se entender melhor o que seja a virtude da temperança e como ela age na nossa vida.

A temperança, segundo o Catecismo da Igreja (n. 1809), é muitas vezes louvada no Antigo Testamento. São inúmeras as passagens em que encontramos destacada essa virtude e, como vimos acima, muitas estão relacionadas às paixões. Em Eclesiástico (18,30) encontramos: "não siga suas paixões. Coloque freio nos seus desejos". A razão desse conselho vem logo a seguir: "se você permite satisfazer a paixão, ela tornará você motivo de zombaria para seus amigos" (Eclo 18,31). Por se tratar de um ato irracional, sem limites ou senso do ridículo, expõe a pessoa a situações constrangedoras, que poderiam ser evitadas se houvesse a virtude da temperança. No Livro da Sabedoria (4,12) encontramos: "de fato, o fascínio do vício obscurece os verdadeiros valores, e a força da paixão perverte a mente que não tem malícia". Qualquer tipo de vício é um sinal de que a virtude da temperança está em falta. Quem é vítima do vício não consegue enxergar outros valores em sua vida e canaliza todos os seus atos em função dele. A mesma coisa acontece com a paixão, que não deixa de ser uma espécie de vício. Ela é tão poderosa que é capaz de perverter a mente, impossibilitando-a de pensar em outra coisa que não seja o objeto da paixão. No Novo Testamento, as referências às paixões como sinônimos de ausência da virtude da temperança são frequentes. Na Primeira Carta os Tessalonicenses (4,5), numa apologia ao respeito ao próprio corpo, de modo que agrade a Deus,

Paulo afirma: "sem se deixar arrastar por paixões libidinosas, como os pagãos que não conhecem a Deus". A paixão é vista aqui como algo avassalador, que arrasta a pessoa por situações que ela não tem controle de si e de seus atos, abrindo, assim, caminho para outras transgressões. Na Segunda Carta a Timóteo (2,22), encontramos: "fuja das paixões da juventude; siga a justiça e a fé, o amor e a paz com aqueles que invocam de coração puro o nome do Senhor". A paixão aliena, desvirtua do caminho de Deus e o remédio está na vivência de outras virtudes como a justiça e a fé, as quais poderão proporcionar o verdadeiro amor e a paz. Faltando-lhe a virtude da temperança, busque-a através de outras virtudes. Assim ela poderá ser adquirida ou resgatada, de modo que a sua vida não seja de todo prejudicada.

Ainda no Novo Testamento, a virtude da temperança é chamada de "moderação" ou "sobriedade", afirma o Catecismo da Igreja (n. 1809). Encontramos uma dessas referências na Carta a Tito (2,12), em que, ao falar da Graça de Deus, afirma que ela "nos ensina a abandonar a impiedade e as paixões mundanas para vivermos neste mundo com autodomínio, justiça e piedade". Só assim poderemos viver bem.

Santo Agostinho, com base no Evangelho (Lc 10,27), afirma que "viver bem não é outra coisa senão amar a Deus de todo o coração, de toda a alma e em toda forma de agir" (CIC, 1809). Viver bem é viver todas as virtudes. É dedicar a Deus "um amor integral (pela temperança) que nenhum infortúnio poderá abalar (o que depende da fortaleza), que obedece exclusivamente a ele (e nisto consiste a justiça), que vela para discernir todas as coisas com receio de deixar-se surpreender pelo ardil e pela mentira (e isto é a prudência)". Vemos, assim, a estreita relação que existe entre todas as virtudes. O grande desafio, porém, é praticar todas com equilíbrio, não esquecendo ou negligenciando nenhuma delas, pois todas são necessárias para o bem viver. A função da virtude da temperança é proporcionar essa constância.

João Paulo II, no início de seu pontificado, lembrava que a virtude da temperança condiciona indiretamente todas as outras virtudes. Embora todas as outras virtudes sejam indispensáveis para que a pessoa possa ser moderada (ou sóbria), a temperança influi na vivência das demais. Não se pode ser verdadeiramente prudente, nem autenticamente justo, nem realmente forte, quando não se possui a virtude da temperança. Conclui-se, então, que todos esses atributos, ou melhor, essas atitudes do homem, provêm de cada uma das virtudes cardeais e estão relacionadas entre si. Não é possível viver plenamente uma virtude se não vivermos as outras. Uma depende da outra e quem nos dá essa visão de conjunto é a virtude da temperança.

Enfim, a temperança nos faz pessoas moderadas, donas de nós e dos nossos atos. Pessoas que, como vimos acima, não se deixam dominar pelas paixões. A pessoa que age guiada pela virtude da temperança sabe dominar-se e não vai por caminhos errados somente porque os que se dizem seus amigos estão indo. É uma pessoa autêntica, sabe filtrar as influências e decide tudo pela razão e não pela emoção. Percebemos, assim, o valor fundamental e radical da temperança na nossa vida.

Descobrimos a sua indispensabilidade na nossa realização como pessoa. Os que têm a virtude da temperança não se tornam vítimas dos vícios, usam a razão e buscam não colocar sua vida nem a dos outros em risco, como pode ocorrer com os dependentes químicos (usuários de drogas, alcoólatras etc.), que perdem as referências da própria dignidade por não fazer uso dessa virtude. Arriscam a própria vida em nome de algo que não lhes traz nenhum benefício. João Paulo II dizia que "a virtude da temperança faz com que o corpo e os sentidos ocupem o posto exato que lhes cabe no nosso ser-homens". A virtude da temperança vem completar o conjunto das quatro virtudes cardeais, pondo limites em nosso agir. É a virtude com a qual usamos moderadamente os bens desse mundo (comida, bebida, sono, diversão, sexo, conforto etc.). Ela nos ensina a usar todas essas coisas necessárias para a vida, porém no seu devido lugar, na hora certa, no tempo certo, na quantia certa. Ela nos ensina, como afirma Paulo apóstolo, que "posso fazer tudo o que quero, mas nem tudo me convém. Posso fazer tudo o que quero, mas não deixar que nada me escravize" (1Cor 6,12). É a temperança que vai me ensinar a discernir o que me leva ao crescimento e à realização como pessoa humana.

Considerações Finais

Para quem acredita que a possibilidade de vencer as dificuldades e ir além só é possível com a ajuda externa, vinda de fora, este livro apresenta um novo horizonte. Um horizonte que vem de dentro de nós mesmos, através dos nossos dons e carismas, e que se desdobram em infinitas possibilidades. Possibilita-nos ultrapassar limites e atingir novos patamares, estejam eles no âmbito social ou espiritual. Possibilita o crescimento integral da pessoal em harmonia com seu meio.

Este livro, ao tocar em elementos fundamentais da vida humana, os sete dons e as sete virtudes, busca despertar na pessoa atitudes firmes, disposições estáveis, perfeições habituais da inteligência e da vontade que regulam os seus atos. Ele tem como objetivo ordenar aquilo que está fora de ordem e guiar cada ato humano, por mais simples que seja, pela razão e pela fé, conferindo, assim, equilíbrio sem deixar de propor ousadia. Encontramos tudo isso nos dons e nas virtudes que estão agrupadas em dois blocos de sete. Sete é o número da completude, da totalidade e da perfeição. Portanto, os dons e as virtudes são caminhos de perfeição. São recursos dados por Deus ou adquiridos que nos ajudam a viver melhor.

Vale lembrar que o essencial não é o número sete, mas aquilo que está enumerado na ordem de sete. Mesmo assim, é importante conhecer um pouco do significado do número sete na simbologia bíblica. A tradição bíblica, segundo Leonardo Boff (1998, p. 57), ensina-nos que os números 3 e 4 somados formam o símbolo específico da totalidade de uma pluralidade ordenada. Esses dois números, separados, já têm, cada um deles, o seu significado simbólico. O 4 é símbolo dos quatro elementos do cosmos: terra, água, fogo e ar. Elementos essenciais para a vida. Além disso, representam o movimento da imanência. O 3 é o símbolo da Santíssima Trindade, do absoluto, do espírito. É também símbolo do descanso e da transcendência. Esses dois números, tão carregados de significados, quando somados, resultam no número 7. Assim, o 7 passa a agregar os significados do número 3 e do número 4, significando "a união do imanente com o transcendente, a síntese entre o movimento e o descanso e o encontro entre Deus e o homem" (Boff, 1998, p. 57). É essa uma das razões de se rezar missa no sétimo dia de falecimento. A pessoa completou sua fase de transição entre o céu e a terra e, no sétimo dia, é entregue nas mãos de Deus para o descanso eterno. Mas esse é um tema a ser tratado num outro momento. O que nos interessou, aqui, neste livro, foi o significado do número sete para entender o porquê de se ter sete dons e sete virtudes.

Assim, o número 7 (a soma de 4 + 3) resulta o número perfeito, indicando o máximo da perfeição, como vemos no livro dos Números (23,4) e no Evangelho de Mateus (15,36). Ele significa também grande quantidade. Essa referência está em Isaías (30,26), em Provérbios (24,16), em Mateus (18,21). Já em Apocalipse (1,4) representa totalidade. Nesse mesmo livro indica séries completas como, por exemplo, as sete cartas (Ap 2-3), os sete selos (Ap 6,1-17), as sete cabeças (Ap 12,3). Vemos também que o Cordeiro imolado recebe sete dons (Ap 5,12). Em outras passagens bíblicas o sábado é o sétimo dia; Deus fez a Criação em sete dias; a festa de Pentecostes acontece sete vezes, sete dias depois da Páscoa. Cada sétimo ano é o ano sabático, que significa o tempo de descanso para a terra e também de libertação dos oprimidos (cf. Lv 25), e depois de sete vezes sete anos vem o Jubileu. Jesus disse a Pedro que não se deve perdoar apenas sete vezes, mas setenta vezes sete (Mt 18,22), o que significa sempre. É importante ver que em algumas passagens, como no Apocalipse (11,9), aparece a metade de sete, isto é três e meio. Às vezes é dito: um tempo, dois tempos, meio tempo (Ap 12,14; Dn 7,25), isto é três anos e meio, resultado relacionado ao número sete ou derivado dele. Também pode referir-se a 42 meses (Ap 11,2), igual a 1.260 dias (Ap 12,6), isto é, sempre a metade de sete. É a duração limitada das perseguições. É o tempo controlado por Deus. Assim, o sete vai desdobrando-se e ampliando o seu significado simbólico.

Afirma Boff que, com o número sete, exprime-se o fato de que a totalidade da existência humana em sua dimensão material e espiritual é consagrada pela graça de Deus. Os sete dons e as sete virtudes são meios eficazes para que as duas dimensões material e espiritual se complementem, formando-nos, assim, pessoas agraciadas por Deus. Agraciadas por estarmos no caminho da perfeição. Vivendo cada um esses dons e essas virtudes nos tornamos semelhantes a Ele. Assim, os dons e as virtudes são como que pilares que sustentam nossa caminhada para Deus. Boff lembra que a salvação não se restringe a sete canais de comunicação. "A totalidade da salvação se comunica à totalidade da vida humana e se manifesta de forma significativamente palpável nos eixos frontais da existência" (idem). Os dons e as virtudes formam esse eixo. É, ao mesmo tempo, eixo e fonte que conduzem ao grande manancial que é Deus. Nisso reside o sentido fundamental de se ter sete dons e sete virtudes.

Além dos significados acima apontados, correspondentes ao número sete, há que recordar nessas considerações finais que esses dons e essas virtudes são, na verdade, os frutos do Espírito Santo e o resultado de uma vida vivida na conformidade com Deus. O Catecismo da Igreja (n. 1830) lembra que a "vida moral dos cristãos é sustentada pelos dons do Espírito Santo". Vemos, nessa afirmação, que eles, os dons, funcionam como sustentáculo de nossa vida. Quem pauta a vida nesses sete dons, é como o homem que construiu sua casa sobre a rocha (Mt 7,24-27). Podem vir as chuvas, as tempestades, os ventos podem soprar contra a nossa vida que ela vai manter-se inabalável, porque está alicerçada sobre os sete dons e respaldada pelas sete virtudes. Esses alicerces são disposições permanentes que nos tornam firmes, porém dóceis para seguir os impulsos do mesmo Espírito. Tudo isso porque eles, os alicerces dos dons, mesmo estando conosco, pertencem a Cristo (cf. Is 11,1-2). Segundo o Catecismo da Igreja (n. 1831), "completam e levam a perfeição às virtudes daqueles que os recebem". É por esse motivo que nos tornamos dóceis para obedecer prontamente às disposições divinas.

Pelo fato de os dons provirem do Espírito Santo, eles são recursos para nos modelar, conformar nossa vida de acordo com sua vontade. O Catecismo lembra que "os frutos do Espírito são perfeições que o Espírito Santo modela em nós como primícias da glória eterna" (CIC, 1832). Quais são esses "frutos do Espírito"? A Tradição da Igreja enumera doze. Vale lembrar que, na Bíblia, o número doze também é um número carregado de significado simbólico. É o resultado de quatro vezes três, que representa um número bem completo. É também o número da escolha, como, por exemplo, as doze tribos no Antigo Testamento, os doze Apóstolos no Novo Testamento, as doze legiões de anjos (Mt 26,53). No caso dos anciãos apresentado no Livro do Apocalipse (4,4) são vinte quatro, isto é, 2 x 12. Ainda no livro do Apocalipse (7,4), os que serão salvos somam um total de 144.000, que significa 12 x 12 x 1.000, número da totalidade como vemos em Apocalipse 21,12-14. Assim, o número doze e seus derivados representam a totalidade. Se os frutos do Espírito são doze, significa que eles abarcam a totalidade de nosso ser. Vamos ver cada um desses frutos e descobrir como eles podem tornar-nos mais perfeitos, mais completos, mais perto de Deus, vivendo nossa vida segundo o Espírito.

Esses são os frutos do Espírito enumerados pela Tradição da Igreja: caridade, alegria, paz, paciência, longanimidade, bondade, benignidade, mansidão, fidelidade, modéstia, continência e castidade. Eles se encontram em Gálatas (5,22-23). Paulo afirma que contra essas coisas não existe lei.

Caridade. Como vimos entre as virtudes, é também fruto do Espírito e nos conduz a Deus através da ajuda ao semelhante. Não se chega a Deus se houver rejeição ao próximo, porque o próximo é, como nós, a imagem e semelhança de Deus. Toda vez que fizermos algo ao nosso próximo é a Deus que estamos fazendo (cf. Mt 25,35-46), principalmente se esse próximo for alguém necessitado, mais frágil. Assim, a caridade nos aproxima de Deus e a sua falta nos distancia dele.

Alegria. É um estado de viva satisfação, de contentamento verdadeiro. É quando nos regozijamos com algo ou alguém, e esse regozijo é puro, autêntico. É um júbilo, um estado de prazer, de satisfação da alma. Quem vive os dons e as virtudes vive nesse estado de satisfação. Uma satisfação que vem do mais profundo do nosso ser e que dura não apenas alguns momentos, mas sim é um estado perene, duradouro.

A alegria, como fruto do Espírito, é uma alegria verdadeira, equilibrada, diferente de qualquer estado de euforia.

Paz. A paz como fruto do Espírito é a paz fruto da justiça (Is 32,17). A paz verdadeira, aquela que podemos colocar nossa cabeça no travesseiro e dormir tranquilos porque fizemos o que deveria ser feito. Não é apenas a ausência de conflito, mas é o resultado do amor, da igualdade, da fraternidade. É a paz de Cristo, aquela desejada aos discípulos na ocasião da sua aparição, depois de ressuscitar (Lc 24,36; Jo 20,19-23). É a paz resultada da missão cumprida.

Paciência. A paciência é uma espécie de virtude que consiste em suportar os dissabores e infelicidades, sem esmorecer ou desequilibrar. É o mesmo que resignação, mantendo a perseverança nos propósitos, mesmo que haja dificuldade, obstáculo ou qualquer outro elemento que venha a incomodar ou desestimular uma ação. É a capacidade de persistir numa atividade, suportando incômodos e dificuldades. Quem possui essa qualidade é constante, perseverante e não se incomoda com os empecilhos. Mantém a calma e sabe esperar o que tarda. Confia que as coisas de Deus podem tardar, mas nunca falham, porque o tempo de Deus não é o nosso tempo.

Longanimidade. A longanimidade é também uma virtude e semelhante a da paciência. É a capacidade de suportar com firmeza contrariedades em benefício de outrem. É magnanimidade, generosidade. Pessoas dotadas dessa virtude são extremamente generosas e não medem esforços para ajudar o seu próximo. Mesmo que tenha de passar por dificuldades, tormentos, perseguições, permanecem firmes no seu propósito. Se for para o bem do próximo, suportam com constância de ânimo e coragem as contrariedades, brigam pelo outro e arriscam a própria vida. Muitos a veem como sofredora, porém seu maior sofrimento é não poder ajudar o próximo.

Bondade. A bondade é a qualidade de quem tem a alma nobre e generosa. Como a pessoa longânime, a pessoa bondosa é sensível aos males do próximo e naturalmente se inclina a lhe fazer o bem, a ajudá-la de alguma forma. É uma pessoa benevolente, benigna e, como já citamos, dotada de longanimidade. Suas qualidades se refletem nos seus atos. É sempre amável, cortês, tratando a todos com delicadeza. Muitos acham que uma pessoa boa é uma pessoa boba, mas isso não passa de um profundo equívoco. A pessoa boa não é uma pessoa boba. Ela sabe discernir as situações e dizer não quando preciso for. É firme nas suas decisões e profundamente complacente com os fracos e ignorantes.

Benignidade. Benigna é a pessoa cuja índole é boa. Desse modo, benignidade é uma qualidade ou virtude que muito se assemelha à bondade. É uma pessoa que agrega no seu caráter a beneficência e a delicadeza no trato com o próximo. A pessoa benigna é benévola, humana, isto é, sensível para com o problema alheio, é prestativa e complacente, disposta a fazer o bem sem precisar esforçar-se para isso.

Mansidão. Nas bem-aventuranças encontramos uma que se refere à mansidão: "bem-aventurados são os *mansos,* porque possuirão a terra" (Mt 5,5). E em outra passagem do mesmo Evangelho Jesus diz: "aprendam de mim porque sou *manso* e humilde de coração" (Mt 11,29). Mansidão é a qualidade ou condição de quem é manso. Mansa é a pessoa de gênio afável, tranquila ou sossegada, que não se estressa por qualquer coisa. É dócil, pacata, transmitindo um estado de tranquilidade e paz que apazigua outras situações. Faz tudo com calma e silêncio, tanto que às vezes nem é percebida, porém eficaz nos seus atos, proporcionando grandes resultados. Jesus é um exemplo de mansidão, figurado na imagem do Bom Pastor.

Fidelidade. É uma das qualidades fundamentais para se atingir a perfeição. A pessoa fiel demonstra zelo, respeito quase venerável por alguém ou algo. Portanto, a lealdade é a marca da pessoa fiel. Ela observa com rigor os ensinamentos de Deus e procura colocá-los em prática sem ser fanática. É constante nos compromissos assumidos, honrando sua palavra. Compromisso que pressupõe dedicação amorosa àquilo que faz e para quem se faz. Quem é fiel não se esmorece com o decorrer do tempo, mantendo constância nos seus atos e atitudes. A pessoa fiel é uma pessoa digna de confiança porque ela cumpre com o prometido.

Modéstia. Significa ausência de vaidade, porém não da autoestima ou da valorização de si e das coisas que faz, mas da vaidade como sentimento negativo, que impede de ver outras coisas além de si mesmo e das coisas que faz. É uma pessoa que, apesar de suas qualidades, é despretensiosa, comedida nos seus pensamentos, atos e palavras, evitando exageros em tudo o que fala e faz. Não se preocupa com o luxo e muito menos com a ostentação de poder ou de títulos, ou de qualquer outra coisa que a evidencie. Seus atos estão sempre conformados com os padrões éticos e morais da sociedade, tendo pudor, sendo sempre uma pessoa decente.

Continência. Refere-se à pessoa que tem um comportamento muito contido. É algo semelhante à modéstia, porém com algumas particularidades. Ela tem moderação nos gestos, nas palavras e nos atos. Outra característica que é própria de quem tem a qualidade da continência é o autodomínio, o comedimento. Sabe conter-se quando se trata de prazeres, por isso é algo que muito se assemelha à castidade. Alguns confundem a continência com a timidez, mas são duas coisas bem distintas. A timidez pode configurar-se em falta de coragem, enquanto que continência é uma abstenção consciente, opcional, amadurecida.

Castidade. A castidade, por fim, é uma outra qualidade que resulta da perfeição que o Espírito modela em nós. É a abstinência completa dos prazeres carnais e de tudo o que a ele se refere. Não quer dizer que a pessoa deixe de sentir prazer, tornando-se assexuada, como se imagina que sejam os anjos, mas alguém que vive outras formas de prazer que não necessariamente se referem ao sexo. Ela vive na pureza de coração, longe de qualquer coisa má ou vulgar. É uma pessoa moralmente íntegra, que prima por outros valores que vão além do sexo.

Essas doze qualidades, frutos do Espírito, são como as colunas que sustentam nossa vida, que, por sua vez, devem estar alicerçadas nos sete dons e nas sete virtudes. Se a tivermos e soubermos vivê-las, seremos pessoas que ultrapassam todos os obstáculos. Seremos capazes de atingir patamares de relacionamentos e conhecimentos dantes inimagináveis.

Referência Bibliográfica

ALVES, Rubem. *Ostra feliz não faz pérola*. 3ª ed., São Paulo, Editora Planeta do Brasil 2008.

ARISTÓTELES. *Ética a Nicômaco*. 2ª ed., Brasília, UnB, 1985.

_____. *Metafísica*. São Paulo, Edipro, 2005.

BAUER, Johannes B. *Dicionário de Teologia Bíblica*. Vol. I. Tradução de Helmuth Alfredo Simon. São Paulo, Loyola, 1973.

BETTO, Frei. *Catecismo Popular*. São Paulo, Ática, 1992.

BÍBLIA SAGRADA, *Edição Pastoral*. 25ª ed., São Paulo, Paulus, 1998.

BOFF, Leonardo. *Os sacramentos da vida e a vida dos sacramentos. Minima sacramentalia*. 19ª ed., Petrópolis, Vozes, 1998.

BORTOLINI, José. *Os sacramentos em sua vida*. 4ª ed., São Paulo, Paulinas, 1981.

DURKHEIM, Émile. *As formas elementares de vida religiosa*. São Paulo, Paulinas, 1989.

ENGELS, Friedrich. *A dialética da natureza*. 6ª ed., São Paulo, Paz e Terra, 1979.

GODELIER, Maurice. *O enigma do dom*. Rio de Janeiro, Civilização Brasileira, 2001.

HEGEL, Georg Wilhelm Friedrich. *Fenomenologia do Espírito*. 4ª ed., Petrópolis, Vozes, 2007.

_____. *Princípios da filosofia do direito*. São Paulo, Martins Fontes, 2003.

HOUAISS, Antônio e VILLAR, Mauro Salles (Dir.). *Dicionário Houaiss da Língua Portuguesa*. Rio de Janeiro, Objetiva, 2001.

KANT, Immanuel. *Crítica da faculdade do juízo*. Imprensa Nacional, Portugal, 1992.

KIERKEGAARD, Söeren. *Temor e Tremor*. (Trad. Maria José Marinho). In: Col. *Os Pensadores*, p. 107-185. São Paulo, Abril Cultural, 1979.

MACKENZIE, John L. *Dicionário Bíblico*. São Paulo, Paulinas, 1983.

MALINOWSKI, Bronislaw. *Argonautas do Pacífico Ocidental. Um relato do empreendimento e da aventura dos nativos nos arquipélagos da Nova Guiné Melanésia*. Col. *Os Pensadores*. 3ª ed., São Paulo, Abril Cultural, 1984.

MAQUIAVEL, Nicolau. *O Príncipe*. 2ª ed., Bauru, Edipro, 2001.

MAUSS, Marcel. *Ensaio sobre a dádiva. Forma e razão da troca nas sociedades arcaicas*. In: MAUSS, Marcel. *Sociologia e Antropologia*. São Paulo, Cosac & Naif, 2003, p. 183-314.

MAUSS, Marcel. *Dom, contrato, troca.* In: MAUSS, Marcel. *Ensaio de Sociologia.* 2ª ed., São Paulo, Perspectiva, 2001, p. 351-372.

_____. *The Gift. The form and reason for exchange in archaic societies.* London / New York, W. W. Norton, 1990.

_____. *As técnicas do corpo.* Extraído do *Journal de Psychologie,* vol. 32, n. 3-4, 1935. Comunicação apresentada à Sociedade de Psicologia em 17 de maio de 1934. In: MAUSS, Marcel. *Sociologia e Antropologia.* São Paulo, Cosac & Naif, 2003, p. 399-422.

PEREIRA, José Carlos. *Desejo de eternidade. Teoria do autoconhecimento.* São Paulo, Ave-Maria, 2008.

VINCENT, Albert. *Dicionário Bíblico.* São Paulo, Paulinas, 1969.

Vv.AA. *Catecismo da Igreja Católica.* Petrópolis, Vozes e outras Editoras, 1993.

A marca FSC® é a garantia de que a madeira utilizada na fabricação do papel deste livro provém de florestas que foram gerenciadas de maneira ambientalmente correta, socialmente justa e economicamente viável.

Este livro foi composto com as famílias tipográficas Adobe Garamond, Calibri e Goudy Old Style e impresso em papel Pólen Soft 70g/m² pela **Gráfica Santuário.**